普天之下・盡是好書

普天出版家族
Popular Press Family

凌雲
A-Plus Creative Company
文創

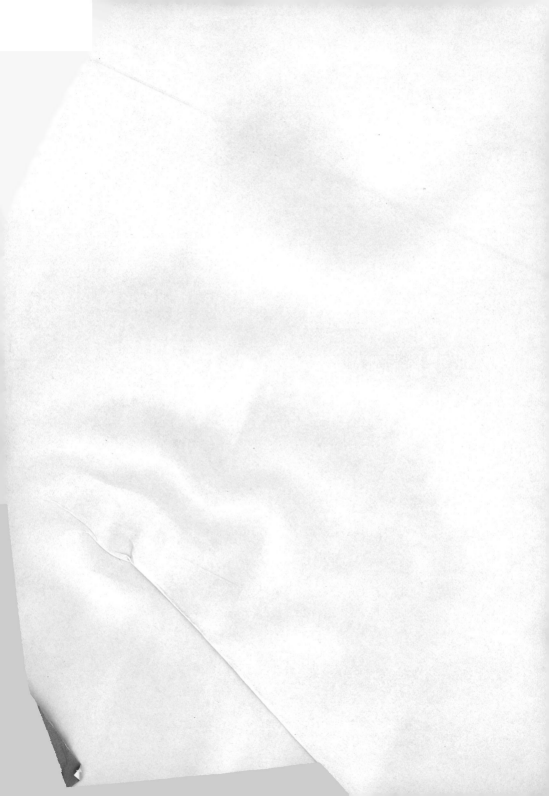

先看穿對方的心思，再表達自己的意思 全集

先突破對方的心防，再巧妙說出自己的想法

《罵人不必帶髒字》
系列暢銷作家
文彥博 編著

成功學大師戴爾．卡內基曾說：
如果你想要別人接受他們不想接受的要求，只需將這些要求包裝在他們喜歡聽的話語之中。

確實如此，不論溝通、談判或是推銷自己的想法，想要順利達成目的，就必須先看穿對方潛藏的心思，然後用對方最喜歡聽的話語，巧妙地傳達自己的意思。
如果你能在言談間看穿對方正在想什麼，便可以突破對方的心防，牽引對方往自己設定的方向走。

•出版序•

學會把話說進對方的心窩裡

期望無往而不利，少不了得培養自己的口才。不能僅僅是說話，而是要把話說到聆聽者的心坎裡去！

美國作家安．比爾斯曾經寫道：「說服是一種催眠術，說服者的意見隱密起來，變成了論證和誘惑。」

的確，想要打動人心，達成自己的目的，就必須透過有效的說話方式，將自己的意見、想法滲透到對方的腦子裡。

巧妙的說話方式、優雅的肢體語言，恰到好處的幽默語言……這些都是想打動人心之時必須具備的說話藝術。

想成功說服別人，在溝通的過程中，如何把話說到別人的心窩裡，絕對是必修的一門學分。

人際關係專家畢傑曾說：「如果你想把話說到別人的心坎裡，就必須知道如何利用別人最喜歡聽的話，間接傳達你想要傳達的意思。」

的確，同樣的一件事，用不同的兩種話來表達，最後的結果往往大相逕庭。如果你可以在事前就知道你想要傳達的人喜歡聽什麼話，然後再用他喜歡聽的話間接傳達你的意見，那麼，對方欣然接受的程度肯定會高出許多。

繁忙的人際交往中，人與人之間的溝通對話不可避免。

一個會說話的人，每一句話都能打動人們的心弦，好像具有一種不可知的魔力，操縱著人們的情緒。他的一舉手一投足，嘴裡發出來的一言一語，彷彿都能影響到周圍空氣的鬆弛與緊張。

這種感染的力量是什麼？

就是口才。

和別人接觸的時候，有四件事情容易被人用來當作標準，評定我們的價值，那就是我們做的、我們的面貌、我們說的話，以及我們如何說話。

可惜，許多人爲了種種瑣事的繁忙，忘記最重大的事，缺少時間研究他們的「辭藻」，甚至不肯花一分鐘的時間思考如何充實自己的辭句、如何增加辭句的意義，如何使講話準確清晰。

有些人以爲，只要有才幹，即使沒有口才，也可以達到成功的目的。

這種觀念並不完全正確，有才幹並且有口才的人，成功希望才更大。因爲一個人的才幹，完全可以從言語談吐之間充分地表露出來，使對方更進一步地瞭解，並且信任。

美國費城的大街上，曾躑躅著一個無業的英國青年，不論是清晨或夜晚，總是引人注目地經過那裡。

據他自己說，他想尋找一份工作。

有一天，他突然闖進了該城著名的巨賈鮑爾．吉勃斯的辦公室，請求主人犧牲一分鐘時間接見他，容許他講一兩句話。

這位陌生怪客使吉勃斯感到驚奇，因為他的外表太引人注目了，衣服已很破舊，全身流露出極度窮困的窘態，可精神倒是非常飽滿。也許是出於好奇，或者是憐憫，吉勃斯同意與這人一談。

想不到的是，他起初原想談一兩句話就好，然而一談起來，不是一兩句，也不是一二十分鐘，直到一個小時以後，談話仍沒有結束。

接下來，吉勃斯立即打電話給狄諾公司的費城經理泰勒先生，再由這位著名的金融家邀請這位陌生怪客共進午餐，並給了他一個極優越的職務。

一個窮困落魄的青年，何以能在半天之內，獲得如此美滿的結果？

他的成功秘訣，就在於極吸引人的口才。

口才，是生活中應用最普遍也最難能可貴的說話技術。然而，與你交談的對象當中，有幾個長於口才？在日常的談話中，在大庭廣眾的集會中，你遇到過多少使你滿意的談話對象？曾有多少人，能夠把話說到你的心裡去？恐怕都是屈指可數吧！

不論是面對家庭，還是職場，甚至是整個社會，期望無往而不利，少不了得培養自己的口才，強化自身的說話能力。

不能僅僅是說話，而是要把話說到聆聽者的心坎裡去！

口才是現代社會必備的競爭資本，也是增強人際關係的要素，懂得把話說得更巧妙，懂得把意見滲透到別人心裡，更是商業社會的成功之道。

很多人失敗，並不是敗於實力不濟，而是不知道運用「語言」這項利器。唯有細心研讀並靈活應用語言的魅力，具備良好的說話能力，才能增進自己的各項能力，在商業社會遊刃有餘。

PART 1 遇到攻擊，不妨以幽默還擊

當別人以不友善的態度或言語來對待你時，如果能以幽默的態度來回應，那麼你得到的將不會是羞辱，而是別人對你的深刻印象。

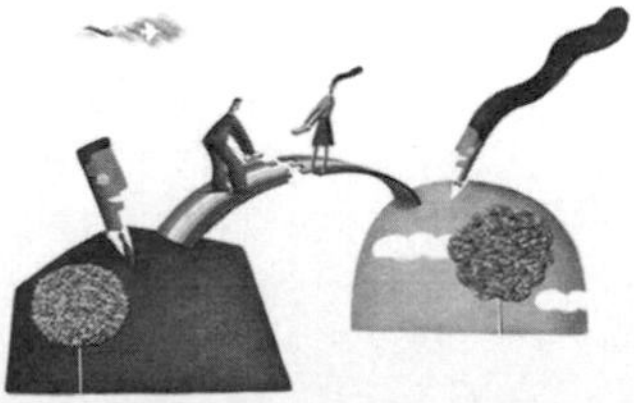

PART 2

說話得體，才能無往不利

懂得適時適地說好話，才能得到預期的效果，也才能運用話語的力量，在人與人之間製造出減少磨擦的潤滑劑。

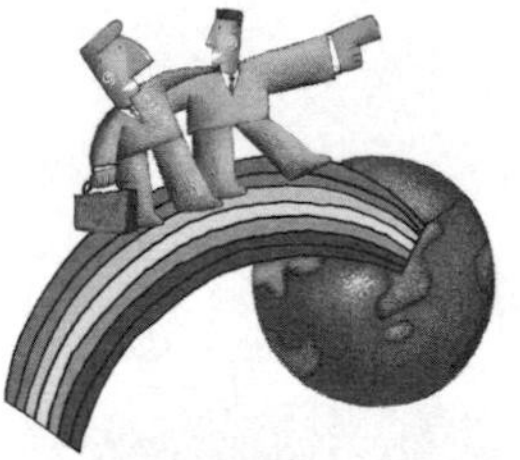

PART 3

說說話的態度左右你的前途

如果彼此有不同意見，只需讓他們知道自己的看法就行了，不必和他們激烈爭論，辯得臉紅脖子粗。

PART 4

試著把話說得更好聽

掌握說話的藝術，不代表你只能說好聽的話，而是要學習如何把話說得更好聽一點，每個人都喜歡聽好話，只要誠實無害，何樂而不為呢？

PART 5

閃避迎面而來的攻擊

不動聲色地沉著應對，看清楚對手攻來的方向，看明白對手所持的武器，再伺機反擊。萬一不幸避之不及，最好先求保命！

PART 6

改變說話方式，就能創造優勢

給別人充分的選擇空間，能讓人感覺受到無比的尊重，無形中也能獲得對方的充分信任，進而爭取到更大的利益，不聲不響就奪得先機。

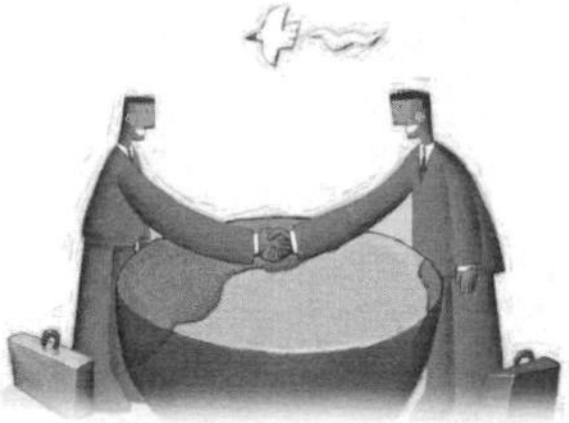

PART 7

用幽默輕鬆和對方溝通

和別人進行溝通時，不去惡意傷人，待人也絕不輕忽怠慢，自然能固守住我們的堅持，也能顧全我們不願傷害他人的心意。

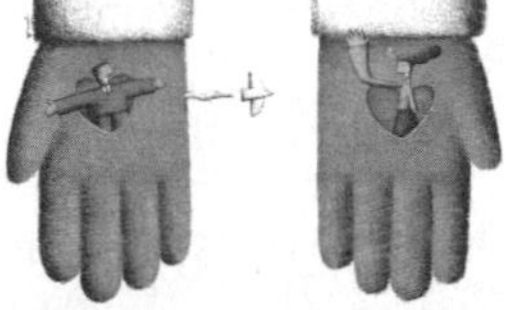

PART 8

掌握正確方式，更快達到共識

遇到說服他人的情況，首先要動腦子，管住嘴巴。選擇最好的方式、語言去解決問題，能既得便宜，又賣乖。

PART 9

管好嘴巴，只說安全的話

有話不一定能直說，說得不好反而害人害己。希望在人際交往中居於優勢嗎？請學著掌握說話的藝術，管好自己的嘴巴。

PART 10

與人溝通要懂得投其所好

每個人都有機會表現自己，也有更多要讓步求全的時候。對此不必懷抱不滿，因為在成功之前，首要學習的正是犧牲和退讓的睿智。

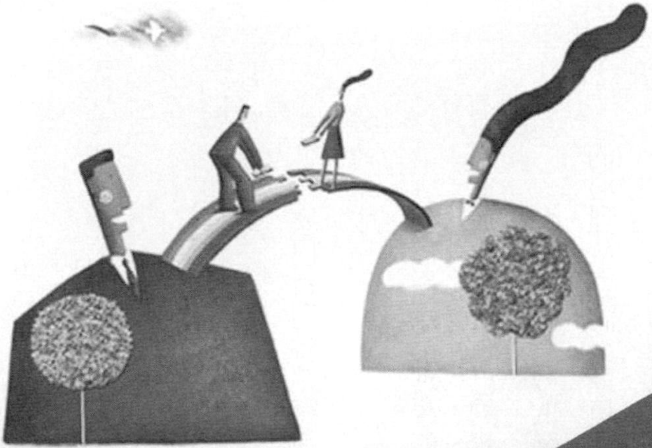

01

遇到攻擊，不妨以幽默還擊

當別人以不友善的態度或言語來對待你時，
如果能以幽默的態度來回應，
那麼你得到的將不會是羞辱，
而是別人對你的深刻印象。

小心說話，不如用心說話

用心話說比小心說話更為重要，用心，人們自然會聽出你的溝通誠意，還會看見你樂觀積極的人生態度，和那份堅定無比的自信。

塞巴特勒曾經寫道：「想讓對方接受原本不想接受的看法，最好使用對方喜歡聽的語言。」

熟諳說話心理學的人都知道，言語是溝通、交涉的最佳利器，最高明之處就在於不露痕跡夾帶自己的想法，滲透進對方的心裡，讓他產生共鳴。

想要進行有效的溝通、交涉，首先必須先洞悉對方心裡正在想什麼，然後順著他的心理狀態說出最精確的話語。

公眾人物聽見批評的機會比一般人多上千倍萬倍，因而他們也比一般人更懂得如何看淡，更知道怎麼將問題四兩撥千斤地化解，或者用幽默的方法，反擊那些無情的批評。

十八世紀後期，英國最有成就的喜劇大師謝立丹，在演出第一部喜劇《情敵》時，應觀眾的要求再次上台謝幕。

然而，就在他走到舞台中央時，有位坐在劇場包廂裡的客人對著他喊道：「這個戲劇實在糟透了！」

謝立丹先是給了對方一個九十度的鞠躬，然後微笑地說：「親愛的朋友，我完全同意您的看法。」

然後，他邊聳聳肩，邊指著台下還在熱情地鼓掌叫好的觀眾們說：「不過，我們只有兩個人，恐怕影響不了這麼多的觀眾，更撼動不了本劇在他們心中的好壞，是不是呢？」

他話一說完，劇場內立即再次響起如雷的掌聲。

看見謝立丹所展現的機智轉移，你是否也忍不住鼓掌叫好了起來呢？

回到我們生活中，無論是在日常生活中，還是在競爭激烈的職場上，我們必定會遇到與自己相反意見的人，或是一些老愛批評的上司，遇到這樣情況的時候，你都是怎麼解決、面對呢？

除了微笑裝傻之外，我們還可以學學謝立丹，謙虛接受人們的批評指教，也虛心聆聽不同的聲音，然後再冷靜思考對策。如此一來，我們一定能想出一個可以保全對方面子，又能爲自己爭回肯定掌聲的好方法，就像美國鋼琴家波奇在某次演出時的表現一樣。

有一年，波奇來到密西根州的某個城市登台表演，然而當鋼琴家一踏上舞台，眼前的景象卻讓他十分失望，因為現場座位居然坐不到一半。

當然，對音樂家來說，就算只有一個人來聆聽他的演出，他一樣會盡力表現，絕不讓人失望。

於是，波奇緩緩地走到舞台中央，然後對台下的觀眾們說：「你們福林特城的人一定非常有錢，因為我發現，你們每個人居然都買了兩個座位！」

話才剛落，全場登時歡聲雷動了起來。

原來可能變成嘲諷的話，在波奇巧妙地用字後，變成了一句給願意來聆聽他演奏的樂迷的肯定，這就像是以經濟艙價錢換得了坐頭等艙機會般的比喻，樂迷們聽了當然十分開心，更重要的是因爲有這樣的機會，他們才能欣賞到鋼琴家的幽默機智。

能否用心話說比是否小心說話更爲重要，因爲很多人只知道小心提防，卻不知道怎麼用心說話。

其實，若能用心，我們自然不會老說錯話；懂得用心，我們便會期許自己能把每一句都說進人們的心坎裡。

更重要的是，用心，人們自然會聽出你的溝通誠意，還會看見你樂觀積極的人生態度，和那份堅定無比的自信。

話要說得漂亮，更要說得恰當

人與人之間的溝通確實是一門藝術，在人際交往中，若是說話的分寸抓不好，就無法創造出和諧的人際關係了。

在競爭白熱化的商業社會，說話能力無疑是一種競爭力，因此既必須洞悉說話心理學，也必須增強自己的表達能力。

恰到好處的幽默語言是最強大的征服力量，懂得運用風趣的方法表達自己想法，不僅可以適時突破對方的心防，也可以改變對方的想法。

在馬克斯・李勃曼家的隔壁，有一幢建築十分獨特的別墅，不久之前才被政府徵用作為衝鋒隊的訓練學校。

有一天，一名衝鋒隊的隊員隔著花園矮牆，觀看李勃曼在後院作畫。忽然，那名衝鋒隊員說：「教授，就一個猶太人來說，您畫得還挺不錯的。」

李勃曼微笑地回敬：「是嗎？就一個莽夫來說，您竟然如此有藝術品味，也算不簡單了。」

一個以種族歧視的角度看畫，一個則以魯莽無智的寓意來嘲諷對方，兩者相對照之下，更突顯那名衝鋒隊員的愚笨可笑。

對照日常生活中的人際相處，其實有些人不也像故事中的軍人一樣，明明要讚美別人，卻總是要在讚美之前再加上一句否定的話語，這不僅讓聽者不舒服，還很容易增添彼此間的誤解和不滿，不是嗎？

說話的藝術是多一點不行，少一點也不對，遣詞用字的拿捏都得多花點心思，才會有良好的溝通互動，也才能免去不必要的紛爭與誤會。

某法庭上，有位氣象專家多羅文被傳喚到庭作證。

在他宣誓之後，法官問道：「你的職業是什麼?」

多羅文回答：「法官大人，我是預報天氣的。」

法官一聽，很不滿意地搖了搖頭：「原來如此，那我得警告你一件事：請注意，在法庭上只允許說已經發生過的事情，除此之外，什麼也不許說。」

「什麼該說，什麼不該說」是法庭上該好好注意的事，但在生活中我們也應該秉持相同的態度和觀念。

我們都知道，話要說得漂亮，更要說得恰當，好話要多說，壞話要少提。想讚美人就不要猶豫，既然已經看見他今天的進步，就不必再多加一句「昨天很差」的否定，只要一句「你今天很棒」就夠了。

古希臘藝術家們的交流互動，爲我們示範了正確的說話方式。

當卓伏柯瑟夫剛完成了一串極為逼真的葡萄作品之後，立即引來了四面八方的鳥兒前來爭食。

同行的巴拉西見狀，很不服氣地說：「我一定要超越你。」

不久，巴拉西作品完成了，便連忙帶著自己的新畫作來給卓伏柯瑟夫看。

能夠有切磋交流的機會，卓伏柯瑟夫當然很開心了，只見他著急地看著巴拉西手中的畫，喊著：「快點揭開畫上的布簾啊！我要仔細看看你的畫。」

只見巴拉西滿臉得意地說：「看仔細了，我的畫作正是你說的布簾呀！」

卓伏柯瑟夫一聽，忍不住張大了雙眼，更不住地點頭：「你果真超越我了，我只騙得了飛鳥，而你卻騙過了一名藝術家。」

要是心有不服，就用實力來證明；若是看見對手確實更甚於自己，我們只要一句心服口服的肯定就夠了，不必再提昨日的不如意。

人與人之間的溝通確實是一門藝術，不但需要技巧將內容發揮得盡善盡美，還需要多用心揣摩。在調色盤上，若是顏色的多寡拿捏得不準確，就調不出美麗的色彩；同樣的道理，在人際交往中，若是說話的分寸抓不好，就無法創造出和諧的人際關係了。

不要讓眼睛長在頭頂上

自大的人的特徵，就是他們非常缺乏實際的行動，他們只是光憑一張嘴說得天花亂墜，卻不會真正的把話兌現。

不尊重別人感受與立場的人，不管擁有如何高深的學識，最終只會引起別人的討厭與嫌惡，在說話的時候很難達到有效溝通的目的。

說話的藝術，其實就是態度上的不卑不亢。我們在論述自己意見的同時，如果能夠同時運用傾聽的技巧，表達出冷靜、理智且流露尊重對方立場的態度，無形之中就會讓彼此的交流愈來愈順暢。

大家都應該不太喜歡自大的人，所以也很難把自己眞正的想法坦白告訴他們。因此，自大的人往往沒察覺到自己想法的不成熟，或知識的不足，更不用說發覺到自己缺乏學習與不明世故的一面。

自大的人會覺得，我可依自己的想法去解決所有的問題。一個人如果用這種自命不凡的態度來生活，必定會在無形中遭受許多的挫折，或錯失無數可貴的學機會。

而且，當你以這種態度過活時，周圍的人都會敷衍你，包括你的親人、朋友、部屬或學生。他們不會告訴你內心眞正的想法，而是在和你進行表面上的交往，只不過是你一直沒察覺而已。

每一個人都不喜歡得罪別人，所以不會有人來糾正你的自大態度。即使是上司也不想讓部屬討厭，他們寧可表面上對你說：「你表現得實在太棒了！」但心裡其實是這樣想：「這個驕傲自大的傢伙！」

自己是否很自大？若不時時認眞的自我檢討反省，其實是很難發現的。接下來，就提供兩個「線索」，讓大家做自我檢視一番。

首先是捫心自問：「我是否是一匹人人敬而遠之的狼？」

自大的人，大家都會不想接近他，所以會在不知不覺中變成孤單一人。如果，已經很久沒有人邀你去他家，或是邀你一起喝個茶，你就必須開始反省這一陣子自己的言行是否過當。

自大的人的第二個特徵，就是他們非常缺乏實際的行動，他們只是光憑一張嘴說得天花亂墜，卻不會眞正的把話兌現。

例如，他們總把自己說得像日行一善的童子軍，卻從不會將筆記借給別人，不會把座位讓給老人，也不曾眞心回饋過些什麼。

那麼，要怎樣才不會變成自大的人呢？

首先是時時增廣見聞，要深刻的體認到目前自己的想法或擁有的知識，在這個知識爆炸的時代中猶如滄海一粟而已。因此，要試著去了解自己做得到的事是什麼，做不到的事是什麼。

接下來就是和能坦白說話的人交朋友。如果做不到，可以多參加類似團體諮詢的活動，或是以不記名方式去要求部屬或學生做問卷，寫出希望自己可以改進的地方，也許，你會發現經常有人會這樣寫：「不要老是誇大其詞、光說不練！」學習從別人對自己的認知當中，爲自己的說話態度與技巧找到新的定位，是一個人成長必經的路程。

有時自己認爲是正面的部分，從他人的觀點來看卻是負面的。相反的，自己認爲是負面的部分，別人可能認爲：「那個人有這種優點，爲什麼卻那麼自卑呢？」這時，過度的謙虛反而會被視作矯情的表現。

我們想要在言談方面有所成長，就必須增長正面的部分、改善負面的部分，但我們很難明確或客觀地判斷哪些是自己負面的部分，因此追求互相忠告的人際關係是很重要，如果不把別人的金玉良言放在心上的人，是不會成長的。

成爲一個被忠告者，其實是值得高興的，因爲這表示責備或忠告你的人不管是家人、朋友、上司或前輩……等等，是眞正關心你的。

此外，當你被責備時，應該怎麼做才好？

首先就是要坦然地虛心道歉。倘若死不服輸或是不假思索頂撞回去的話，下次就再也不會有人指正你了。

接下來則是不要逃避責任，如果你把責任推到上司或同事身上，簡直就是犯了第二次錯誤，只會讓問題變得更加複雜、難以解決。

再者是不要情緒化，因爲一旦變得情緒化就容易嚇跑身旁的人，會讓自己的世界變狹小，最後只會讓自己孤立無援。不要把衷心忠告你的人都當作看不起你或有意貶低你的敵人，這樣實在太傻了。

另外，也不要死要面子，如果你突然惱羞成怒，對方可能會丟下一句：「隨便你好了！」就棄你而去。

最後，則是要思索他爲什麼要這樣對你說？

人沒有完美的，如果對方對你說的話令你很難接受話，你可千萬別認爲他是對你有所不滿，這時千萬要先冷靜一下，他對你說的內容可能很重要，要對事不對人才是成熟的做法。

遇到攻擊，不妨以幽默還擊

當別人以不友善的態度或言語來對待你時，如果能以幽默的態度來回應，那麼你得到的將不會是羞辱，而是別人對你的深刻印象。

赫伯特曾經說過：「那些只會嚼舌根、談是非的人，就像池塘裡的青蛙一樣，成天喝水而且聒噪不休。」

要輕鬆應付這樣成天批評別人的人，必須具備一些幽默感。

所謂的幽默，就是將可笑的事物按照本來的情況，用另一種方式加以描述。幽默當然帶有幾分自然和偶然，但是，只要反應敏捷，通常可以化解尷尬場面。

在人際關係中，學習如何運用幽默是很重要的。

要知道，不是每個人都會以友善的態度對待你，所以懂得運用幽默感，就能夠在別人對你不友善的批評或攻擊時，在不傷害彼此的和氣，又能維持自己尊嚴的況下，充分地予以反擊。

紀曉嵐五十五歲的時候，晉升為內閣大學士兼禮部侍郎。因為紀曉嵐專門打擊貪官污吏，朝廷中有很多人對紀曉嵐的升官感到不滿和眼紅，於是一些平時和紀曉嵐不合的大臣，便聯合起來，以慶賀他升官為名，擺了一桌酒席請他吃飯，事實上是想藉機羞辱他一番。

正當大家吃到一半，酒席間突然跑來了一隻狗。其中一位御史逮到機會，就故意指著狗問紀曉嵐說：「請問紀大人，你看那隻是狼（侍郎）是狗？」

紀曉嵐當然明白這位御史是有意在羞辱他，但是他並沒有生氣，不慌不忙笑嘻嘻地回答：「是狗。」

席間有一位尚書問他：「你怎麼判斷那是隻狗呢？」

紀曉嵐故意慢慢地說：「狼與狗不同的地方有兩點：第一個不同，是先看牠的尾巴是不是上豎，上豎（尚書）就一定是狗，不上豎就是狼！」

紀曉嵐的話弄得尚書十分尷尬，無言以對。

紀曉嵐接著又說：「第二則是從牠吃的東西來分辨。大家都知道狼的野性十足，但就算是肚子餓了，也不是什麼都吃；可是，狗就不一樣了，餓的話則遇肉吃肉，遇屎（御史）吃屎！」

紀曉嵐的幽默不但使他免於被羞辱，還狠狠地反擊了對方一頓。

當別人以不友善的態度或諷刺性的言語來對待你時，其實目的只是要讓你下不了台而已，如果你真的因此而嘔氣的話，不但達到了他的目的，其他人也會開始對你產生負面的評價。

這個時候，如果能以幽默的態度來回應，甚至像紀曉嵐這樣加以回敬，那麼你得到的將不會是羞辱，而是別人對你的深刻印象。

如何巧妙拒絕別人？

首先要先認同對方說的話，因此你可以這樣說來先平息他的怒火，對方就會不容易對你產生敵意，也能滿足他的自尊心。

世間的每個人都是獨立的個體，也擁有各自的思想和行爲模式，因此，面對不盡如己意的景況，希臘詩人荷馬曾經勸告我們說：「把你激動的心情按捺下去，因為溫和的方式最適宜；還要遠離那些劇烈的競爭。」

當對方否定或拒絕你的意見或想法時，你會有什麼樣的感覺呢？任何人一定都會覺得不太高興吧！這時必然會有一股怒氣油然而升，或對對方產生反感。因爲對方的拒絕或否定，會使我們的自尊心受到很大的傷害。

在這種狀況下，我們應該如何委婉地拒絕別人，才不會讓對方產生不愉悅或自尊心受損的感覺呢？

1.當對方說話時，不要每次都反駁他。

很多人發表意見時，都會聽到直接否定或拒絕的反應：「不對，我不那麼認爲，那應該是這樣的……」「是嗎？我覺得不是這樣……」「你在說什麼？這怎麼可能呢？你講話好奇怪……」等等。

其實，這些話對一般人來說，聽到只會越來越反感而已。所以說，這是一種最差勁的拒絕及否定法。

2.要聆聽對方的話，直到告一段落。

聆聽他人說話，一定要等到對方說話告一個段落爲止，即使你有反對的意見，也應該暫時忍住，無須急於表現。

因爲發言的人會想將自己想法完整的表達讓對方知道，並希望得到對方認同，因此對於話題被中斷，並遭否定一定會很生氣。

3.先表示認同對方的態度，再提出反對意見。

當你在聽完對方的話後，必須針對對方的話，傳達出自己並不是否定對方的想法，而且我們的構想其實是有相通之處，只是做法上有些不同，而關於這一點我們可以再做溝通和討論。

若直截了當地表示反對或否定，對方就會對你產生反感或敵意。

所以，想表達意見，要先認同對方說的話，因此你可以這樣說來先平息他的怒火：「是，你說的話我很明白。」

這樣一來，對方就會不容易對你產生敵意，也能滿足他的自尊心。

接下來，你可以試著說出自己的想法：「我也很贊同，不過我另外有一個的想法。你覺得如何呢？如果有不對的地方請提出來。」

這樣一來，對方就不會對你反感，而且大多能冷靜思考你所說的話，並且接受你的建議。

要把自己的誠意表現出來

有些話，即使再怎麼支吾結巴也要講出來，不講出來，別人永遠不知道你的心意，誤會往往就是這樣造成的。

笑是人的優良本能，也是人際關係中最好的調劑。

然而，不是每件事都憑著一味地傻笑就能過關的，總要在適當時補上幾句得體的話，你的笑容才會顯得更有誠意！

下面是一則笑話，告訴你那「幾句話」的重要。

有一天，老陳的老同學到家裡來拜訪，二個人多年不見，便在客廳裡天南地北地聊著。

話匣子一開就沒完沒了，不知不覺已經到了晚餐時間。老陳五歲的小兒子跑進來，趴在爸爸的肩膀上咬耳朵。

老陳和朋友聊得正高興，看到兒子這麼沒規矩的行為，立即大聲訓斥道：「真沒禮貌！當著客人的面咬什麼耳朵？爸爸不是告訴過你，做人要坦蕩蕩，有什麼話不能當面明講的！」

小兒子受到爸爸的訓斥，只好乖乖聽話，順從地說：「媽媽要我告訴你，家裡沒有菜，不要留客人吃飯。」

一時間，兩個大人都當場楞住了。即使朋友原本就沒打算留在老陳家吃飯，但是聽了這番話也難免不悅，彷彿在下逐客令似的，面對這麼尷尬的場面，這下子老陳到底該怎麼解釋呢？

還好老陳足智多謀，他腦筋一轉，伸出手來，在兒子的小腦袋上輕輕打了一下，然後說：「你這個小笨蛋！我不是告訴過你，只有隔壁囉唆的王大嬸來時，才要跑過來說這句話嗎？你怎麼搞錯了？」

如果老陳當時只是尷尬地傻笑，甚至伸手搔了搔頭，老朋友也許不會在意，但是他還好意思繼續待在老陳家裡嗎？

識相的話，一定先找個藉口告辭，而且以後再來拜訪老陳，就算心裡不存芥蒂，也會刻意挑個「適當」的時間。多年的朋友彼此間相處變成要小心翼翼，這是多麼可惜的一件事！

也許，你不能像老陳一樣補漏洞補得這麼圓滑，但是，在言談之時也總該有一些適時的善意表示。

凡是明眼人都看得出來，這個孩子只是在爲母親傳話，根本沒有搞錯什麼，但是你多講了那幾句話，代表的正是你的誠意。

告訴別人不要在意，一個心情的轉彎，感受就全然不同了。

有些表達自己善意的話，是省不得的，即使再怎麼支吾結巴，再怎麼冷場怪氣，也要適時地講出來。

倘使你不把該說的話講出來，別人永遠不知道你的眞實心意，彼此之間的誤會往往就是這樣造成的。

臉皮越厚，招數越多

對手的個性、技巧不同，自己也將受到對手用盡一切卑劣招數來進行輪番轟炸。所以，臉皮越厚，了解的招數越多，越有可能在談判中佔優勢，減少失敗的次數。

細心研讀說話的各種技巧，掌握對方的心思後加以靈活應用，會使你更迅速擄獲人心，也更順利達成自己的目的。

談判是說話藝術重要的一環，各種說話技巧都被運用得淋漓盡致。「勝敗乃兵家常事」，在談判過程中遭遇勝敗也不足爲奇。

交易成敗關係到自己切身的利益，談判雙方趨於成交的願望，基本上是一致的。所以，談判者都希望成功率儘量高些，失敗次數儘量少些。

但是，即使是談判高手，也免不了會有失敗的經驗，重點在於看待失敗的態度。

失敗並不可怕，可怕的是失敗後消沉、氣餒。

對待失敗的積極態度，應該是吸取教訓，總結失敗的經驗，然後設法拿出反敗爲勝的王牌。

由於對手的個性、技巧不同，自己也將在不同程度上，受到對手用盡一切卑劣招數來進行輪番轟炸。所以，臉皮越厚，了解的招數越多，越有可能在談判中佔優勢，減少失敗的次數。

因爲，在談判中沒人能打百分之百的包票，所以防止遭受慘敗和反敗爲勝的因素，還應包括以下幾項：

- 得到第三方對你的對手的評估；
- 細審對手提出的任何要求；
- 不要為任何說出來、做出來的事感到難為情；
- 不必針對對手的言行做假設，而是根據事實來決定自己的舉措；
- 別怕談判不成就拜拜，避免陷入人身攻擊的困境；
- 記取每次談判失敗的教訓，作為轉敗為勝的必備條件。

卡內基是美國著名的成功學大師兼成人教育家，有一次，他想租用一家大飯店禮堂來舉辦訓練班。

可是，交涉中途，飯店卻臨時通知他，要他付出比原來多三倍的租金。

後來，他終於打聽出，原來經理為了賺更多錢，暗地裡打算把禮堂改租給別人舉辦舞會或晚會。

面對這個唯利是圖的商人，看來卡內基唯一的辦法，就是放棄這家飯店，找一家租金便宜的地方繼續開課。

但是，事情的結果，卻完全不是這樣。

卡內基找到飯店經理，對他說：「假如我處在你的地位，或許也會發出同樣的通知。你是這家飯店的經理，責任是讓飯店儘量獲利，若不這樣做的話，你的經理職位就保不住。」

卡內基接著說：「大禮堂不出租給講課的，而租給舉辦舞會的，當然可以獲得大利。因為，舉行這一類的活動，時間不長，他們能一次就付出很高的租金，比我的多得多。要是租給我的話，你們真是吃虧了。」

卡內基鬆懈了對方的戒備情緒後，又道：「但是，你要增加我的租金，實際上是要把我趕走，因為我付不起你要的租金，所以我勢必要另外找地方來舉辦訓練班。不過，你要知道，這個訓練班吸引了成千受過高等教育的中上層管理階級人士，這些人到你的飯店來聽課，實際上是免費為飯店做廣告。相反的，你若是花五千元在報紙上登廣告，也不可能邀請這麼多人親自來參觀。而我的訓練班卻幫你邀請來了，這難道不划算嗎？」

最後，卡內基運用欲擒故縱的說服術，終於使經理改變了態度，說服了飯店經理放棄增加租金的要求，使訓練班得以繼續辦下去。

鐵血宰相俾斯麥曾說：「即便彈無虛發，也抵不過銳利如刀的辯才。」

這句話清楚且生動地說明了言語的力量，遠在其他武器之上。活在競爭激烈的商業領域，語言產生的影響力，遠比想像中還要大，唯有不斷增自己的強說話能力，才能無往不利。

靈活運用自己的幽默

在我們的日常生活中，最常見的有三種類型的幽默：哲理性、詼諧性和嘲諷性幽默。優秀的領導者可以從中萃取菁華，靈活加以運用。

無論是哪一種幽默，即使差異很大，它們都有著一個共同之處，那就是旨趣必須是由內而外地發出，從人的顯意識和潛意識中產生。

就幽默的展現而言，輕鬆滑稽、逗人開懷的詼諧話語，那可以說是幽默；才智機敏，妙語解疑的機智，也是一種幽默。

就幽默而言，「幽自己一默」的自嘲，那可以說是幽默；「幽別人一默」的調侃，也可以說是幽默。

就幽默所製造的效果而言，讓人露出會心的微笑，那是幽默；讓人忍不住哄堂大笑，那也是幽默。

就幽默的境界而言，寓意風雅、耐人尋味的風趣，可以說是幽默；氣度恢宏，率眞超脫的豁達，也可以說是幽默。

幽默可以帶來快樂，使人從痛苦的經驗和情緒中掙脫出來，是一種生理和精神活動。英國著名哲學家索利曾經這樣談幽默：「人類語言中幾乎沒有一個詞彙，比這個人人都熟悉的詞更難下定義了。」

幽默是個開放的和通俗化的語言概念，幽默的方式可說是「無限」的。它的關鍵因素在於是否具有「趣味性」，只要能產生有趣的效果，任何有聲的和無聲的，任何有形和無形的舉動、言語、思維、氣氛都可以成爲幽默的媒介，傳遞幽默的訊息符號，從而成爲幽默的表達方式和存在形式。

什麼力量是幽默的眞正源泉和內容呢？

我們可以進一步說，有趣與好笑的舉止談吐，主要更取決於行爲主體的情感、好惡、文化素養……等等。

蘇聯美學家賓斯基曾經說：「幽默可以採取任何形式，以適應任何的時代思潮及其歷史性格。」

關於這點，從當代歐美各國幽默雕塑、幽默工藝、幽默新聞……等等的流行，就可以得到證明。

我們可以這樣認爲，所謂幽默只是較高級的玩笑話，它不一定要使人捧腹大笑，只要能使別人莞爾一笑，便已達到基本功能。

它從人的顯意識和潛意識中產生，因而它是人的情緒、情感、意識、個性，還有價值判斷合乎邏輯的表露。

正因爲如此，它總是生動地表現出各種各樣心智和心力，成爲一種能爲人們所能感知和把握的個性心理和社會心理。

在我們的日常生活中，最常見的有三種類型的幽默：哲理性、詼諧性和嘲諷性幽默。優秀的領導者可以從中萃取菁華，靈活加以運用。

哲理性幽默，包括那些靈機一動的閃光和火花，信手拈來的雋詞佳句，耐人尋味的諧趣珍聞，令人回味無窮。例如：

「如果你想考驗狗的愛情，那麼你只需要扔過去一根骨頭。」

「如果你想讓人記住你，你就得不斷地跟他借錢。」

詼諧性幽默，大多出現在性格的幽默中，表現方式是大智若愚的「拙巧」，這類幽默往往三言兩語，卻能收到讓人拍案叫絕的效果。

很多人都聽說過這樣一個故事：

德國天才詩人歌德在威瑪公園的小徑上，和一位自命不凡的文藝評論家相遇。

那位評論家傲慢地說：「對一個傻子，我絕不讓路。」

歌德聽了之後，微笑著往旁邊一站，說道：「我卻恰好相反。」

他的詼諧不但含蓄，而且還具有比正面攻擊強烈得多的反擊效果。

最後，我們再來看看嘲諷性幽默。

「嘲諷性幽默」是最常見的幽默之一，它是以溫和而寬厚的態度對假、醜、惡的人或事，做出輕微的揶揄和批評，有時雖然荒誕不經，卻能發人深省。

其中所產生的張力，遠比一大堆廢話，或一長串情節更富有表現力和效果。

給不講理的人一點點教訓

只要心態正確，再加上一點點的小技巧，你就可以在複雜的人際關係中，顯得從容自在，無往不利。

俗話說：「有理走遍天下，無理寸步難行」，話雖如此，但世界上卻不是每一個人都如此理性、願意講道理的。

遇到不願意講道理的人時，與其浪費寶貴的時間跟他爭執，倒不如換個角度，用智慧來解決，得到的效果可能遠比說破嘴還要好得多。

有一個富翁生性吝嗇，小氣到一毛不拔的地步。

這個富翁有一個兒子，正值該認字讀書的年紀，於是他便計劃聘請一位教書先生來教導他的兒子。

可是，每一個教書先生都教不了幾天就辭職了！因為，富翁訂了許多規矩，教書先生如果不遵循這些規矩，不但拿不到薪水，甚至還要被罰錢！

如此一傳十、十傳百之下，大家都知道富翁的吝嗇、刻薄作風，所以沒有人願意去富翁家教書。

這時，有一個曾經吃過虧的教書先生的弟弟，聽了哥哥的抱怨之後，便決定要給富翁一個教訓，於是，立刻到富翁家去應徵教書先生。

富翁看到竟然有人願意答應他苛刻的條件，心裡非常高興，但又怕口說無憑，所以要求教書先生寫一張合約，以茲證明。

這個教書先生二話不說，立刻拿起筆來，寫下：「無雞鴨亦可無魚肉亦可，青菜一碟足矣」的字樣。

富翁看完，認為是：「無雞鴨亦可，無魚肉亦可，青菜一碟足矣」，所以二話不說，很高興地就在合約上簽字了。

等到吃飯的時候，富翁便端出一碟青菜給教書先生下飯，這時教書先生不高興了，並且指責富翁違背合約。

富翁覺得很奇怪，便問教書先生自己哪裡違約了？

教書先生慢條斯理拿出合約，指著上面的文字說：「請你仔細看清楚，我的合約到底是怎麼寫的？」

富翁仔細一看，才發現合約上還有一些標點符號，原來整張合約是這樣寫的：「無雞，鴨亦可；無魚，肉亦可；青菜一碟，足矣。」

富翁雖然氣得咬牙切齒，但是也只好自認理虧，乖乖地付出賠償了。

雖然心存善念、爲人圓融是處事應有的態度，可是有的時候，面對蠻橫不講理的人，在言談之間使一些小手段也不失爲解決問題的好方法。

不妨學學故事中的教書先生，只要心態正確，再加上一點點的小技巧，你就可以在複雜的人際關係中，顯得從容自在，無往不利。

有些事，不要說破比較好

當感受到別人的善意時，別忘了要以善意回報；懂得體貼別人的感受，才能獲得別人的尊重。

德國心理學家馬克．拉莫斯曾經提醒我們：「不管贊成或者是反對某件事，兩種意見總是會有大量的理由。語言的藝術就在於你如何充分地表達，但是百分之九十九的人，卻經常忽略說話的重要性。」

想要建立良好的人際關係，成功地使事情朝自己期望的方向發展，就不能不加強自己說話的方式。

在人生的旅途中，總會出現許多「貴人」，提供了許多不同的建議。能夠虛懷若谷，虛心地接受他人的意見，當然可以幫助自己釐清混亂的思緒，有時說不定這是及時照亮自己生命的一盞明燈。

可是有時候，「貴人」一下子出現太多，給了完全相反的建議，那麼究竟該聽誰的呢？會不會反而讓原本的情勢變得更加混亂呢？

萬一，別人的建議和自己的思考方向截然相反，那麼又該如何是好呢？如果斷然推拒，又是否會被視爲不知好歹或目中無人呢？

有一回，日本知名的歌舞伎大師勘彌，在劇中扮演古代一位徒步旅行的旅人，當他正要準備上場表演時，一個門生突然走向前來，好意地提醒他說：「師傅，您的草鞋帶子鬆了。」

他回答了一聲：「謝謝你。」然後蹲下來，繫緊了鞋帶。

然而，當他走到門生看不到的舞台入口處之時，卻又蹲下身子，將才剛繫緊的鞋帶又再度扯鬆。

戲一開鑼，才知道他是想以拖著鬆鬆垮垮的草鞋，來表現旅人長途旅行的疲態，如此細膩的演技，讓人看出勘彌的過人之處。

這一幕，正巧落入一位到後台採訪的記者眼中，等到這齣戲演完了，這位記者連忙藉機問勘彌：「為什麼你不直接告訴那位門生你的想法呢？顯然他是不懂得這幕戲的真諦呀。」

勘彌只是笑笑地回答說：「對於別人的親切關愛與好意，必須坦然接受，想要教導學生演戲的技能，機會多的是，在今天的場合，最重要的是，要以感謝的心，去接受別人的提醒。」

的確，別人提出的建議，不論適不適用，多半都是出於好意與關心，是以善意爲出發點。但是，既然是別人，自然就不會明白自己內心的眞實想法，有時難免會有幫錯忙或幫倒忙的情事發生。

爲了規避這種狀況發生，是否就非得採取斷然拒絕的方式？

如果勘彌直接拒絕門生的好意，要他不必雞婆，那麼，是否會因此刺傷門生，使他心中產生羞愧的陰影？至於勘彌本人，即將上台的心情，是否也會因此受到影響？這恐怕不是最好的處理方式！

讓對方伸出的友誼之手僵持在半空中，下不了台的恐怕不只對方一人吧，想必連當事人自己也會尷尬得很！

所以，勘彌的處理方式很值得讓我們進一步思考。勘彌當然可以直言不諱，指出門生不懂之處，給他當頭棒喝，這個教訓應該會讓門生印象深刻，但是，相對的，心中的羞辱感，必定也是久久揮之不去吧！

如何透過委婉的方式讓門生理解事物的眞諦，才是教育的最佳形式。

傳道、授業、解惑，可不是只有一種方法而已，重要的是從各個層面讓學生有所學習，有所收穫。勘彌溫和不傷人的做法，顧全了彼此的尊嚴，也維持了當時的和諧氣氛，不愧是一代宗師。

要謹慎自己的言語，當感受到別人的善意時，別忘了要以善意回報；懂得體貼別人的感受，才能獲得別人的尊重。

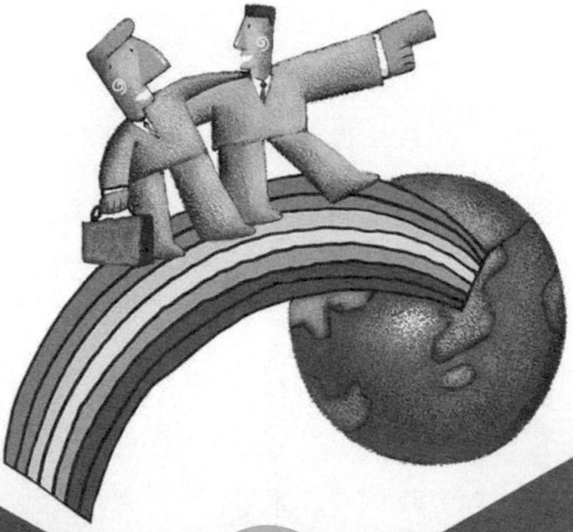

02

說話得體，才能無往不利

懂得適時適地說好話，

才能得到預期的效果，

也才能運用話語的力量，

在人與人之間製造出減少磨擦的潤滑劑。

控制情緒，才能爭得佳績

少說情緒話，保持冷靜理性、耐心等待、冷靜思考，等到最好的時機才出手，然後準確地為自己爭得必勝的佳績。

「喬納，為什麼馬車夫的鬍子有棕色、黃色、白色及黑色，卻沒有綠色的呢？」傑克問道。

喬納說：「這個問題嘛……給我一點時間思考。」

片刻後，傑克又問：「喬納，把馬兒套在馬車上時，為什麼是馬兒的尾巴對著車身，卻不是馬頭對著車身呢？」

喬納笑著說：「我想到答案了！我要同時解答這兩個問題。如果馬車夫的鬍子是綠色的，那麼馬夫在套馬的時候就不會讓馬頭對著他，因為這麼一來，馬兒會把馬夫的翡子誤認為是好吃的綠草，衝上前去狠狠地咬傷馬車夫。」

面對傑克有心爲難的問題，聰明的喬納給了他一個絕妙的答案，不只把問題解決，更爲自己爭得一個聰明智慧的肯定。

處理問題不要太過於心急，先冷靜下來，理性地思考之後，自然能想出絕妙的好答案。面對生活中各式考驗和阻礙，如果不能冷靜應對，而是任由情緒宣洩，通常只會讓人醜態畢露，不只無法突破困境，有些時候反而還會幫助對手提早擊倒自己。

如果覺得喬納的機智反應不易學習，那麼就看看布克鄰居的聰明反應！

布克苦著臉對鄰居說：「你能不能借一點錢給我？」

「你需要多少錢？」鄰居問。

「五十塊美金。」布克說。

聽了布克的要求後，鄰居沉默很久，也讓布克站在門口等了很久。最後布克實在忍不住了，問道：「你為什麼不說話？這錢應該不多吧！」

「是不多，不過，與其讓你欠我五十塊美金，不如讓我欠你一個回覆，我想這對我來說還是比較划算！」鄰居笑著說。

不想借錢卻又不想撕破臉，所以鄰居沒有直接說「不」，而是轉個彎讓布克知道他「不想」，如此溫和地拒絕，是為了保持兩個人的友誼，相信布克聽了也不好意思再開口要了。

不管是誤認綠草的想像，還是寧願欠人一個回覆的理由，無非都是想讓人明白，不管生活中遇到什麼樣的麻煩或為難，總有辦法解決，只要不用情緒面對，冷靜運用自己的智慧，再艱難的問題也能找出答案。

與人交往的過程中，少說情緒話，想解決問題就要保持冷靜理性。聰明的人面對難關與敵人時不會急著出招，他們會耐心等待，冷靜思考，等到最好的時機才出手，然後準確地為自己爭得必勝的佳績。

尊重別人等於尊重自己

尊重別人就是尊重自己，想減少人和人之間的摩擦，想得到別人的支持和肯定，再也沒有什麼比「謙恭有禮」四個字更重要的了。

戲院內，有個婦人轉過頭，對著後面幾個一直嘰嘰喳喳不停的女孩們說：「對不起，我想好好看戲，妳們應該不會反對吧？」

沒想到其中一個女孩說：「當然，不過妳好像看錯方向了！」

看似幽默趣味的話，事實上卻是極不禮貌的回應，欠缺應有的「尊重」。

一個不懂尊重別人的人，也難以得到別人尊重，很多時候，個人自由權利看似正當，事實上總是侵害別人權利，遇到這種讓自己「難過」的狀況，應該如何用幽默的方法秀出自己的想法呢？看看下面這個故事呢！

都已經凌晨一點了，樓上住戶的舞會還不結束，吵雜的音樂聲和吶喊聲不斷透過天花板和窗口傳進鄰居們的耳裡。

不久，有個鄰居打給這戶人家：「是柏肯先生嗎？」

「是的，馬可士！請問有什麼事嗎？」柏肯先生說。

「是的，柏肯先生，我想向你借一下音響。」馬可士先生說。

「喔？你也想開舞會嗎？」柏肯先生大聲地說。

馬可士先生聽了，也大聲地回答：「不，我想睡覺了！」

換個角度想，如果今天是柏肯先生遭遇相同的情況，他是否承受得了？會不會出聲抗議？

現代社會過分強調個人自由，往往衍生了錯誤的生活態度，不懂尊重別人的人，最後也得不到尊重。這正是今天社會常見的人際問題，這一類人事事只想到自己，只想占人便宜，看似占盡上風，事實上卻是醜態百出，往後想再要別人信任或支持恐怕不易。

試想，如果在你我之中有人像女孩們一樣，對於人們的好心勸說總不屑一顧，或是和柏肯一樣老忽略了別人的感受，忘了應有尊重，那麼不妨試著把自己的角色替換一下，站在別人的立場想一想，試想如果換作是我們，結果會是如何？是否和馬可士或婦人一樣會感到不悅？

無論如何，別用冷言冷語回敬別人溝通的心意，因爲聰明的人絕不會放棄溝通的機會，也不會忘記尊重別人的重要。尊重別人就是尊重自己，想減少人和人之間的摩擦，想得到別人的支持和肯定，再也沒有什麼比「謙恭有禮」四個字更重要的了。

說服，是化繁為簡的藝術

想要成功地說服別人，請先訓練自己的表達能力吧！言簡意賅，才能順利達成說服的目的。

法國哲學家拉布呂耶爾說：「有時候，談話的妙處並不在於表達自己的想法，而是在引發別人的想法，讓他主動接受自己的觀點。」

其實，人生就是一個龐大的賣場，每個人盡可以在那裡販賣自己的觀點，但是，通常只有深諳說話技巧的人才會是最後的大贏家。

說服的目的，是希望別人能接受自己的想法，所以，如果不能簡單明瞭地表達出自己的意思，那麼便無法達成說服的目的了。

在這個「時間就是金錢」的時代，如何用簡單的話，表達複雜的概念，便想要成功的人所必須要具備的基本能力了。

一九三九年，美國的經濟學家，也是羅斯福總統私人顧問的薩克斯先生，因為受愛因斯坦等科學家的委託，希望說服羅斯福總統重視原子能的研究，以便搶在德國納粹之前製造出原子彈。

可是，羅斯福卻聽不懂薩克斯艱深生澀的科學論述，對這件事的反應十分冷淡，只敷衍地回答：「這很有趣，不過現在政府干預這件事還太早。」

薩克斯準備告辭時，羅斯福為了表示歉意，邀請他第二天一起共進早餐。這是薩克斯最後一次說服總統的機會了，薩克斯深知說服一定要成功，因為當時德國已經在加緊研製原子彈了。

第二天早上，兩人在用餐時，羅斯福對薩克斯說：「現在開始，不許談愛因斯坦，一句也不許說，明白嗎？」

薩克斯說：「那我就說一個歷史故事好了。英法戰爭時期，在歐洲大陸上不可一世的拿破崙，卻在海上屢戰屢敗。這時，一位年輕的美國發明家富爾頓，向拿破崙建議把法國戰艦上的桅桿砍掉，撤去風帆，裝上蒸汽機，再把木板換成鋼板；可是，拿破崙卻沒有採用富爾頓的建議，還把富爾頓趕了出去。許多歷史學家在評述這段歷史時都認為，如果當時拿破崙採用了富爾頓的建議，那麼，法國十九世紀的歷史就要重寫了。」

羅斯福聽完薩克斯的話，沉思了幾分鐘，然後說：「你贏了！」

美國便因此揭開了製造原子彈的序幕。

你的表達能力夠不夠清晰呢？再好的建議，也要別人完全了解你的表達時，才有可能會接受你的想法。

所以，請先訓練自己的表達能力吧！說服是化繁爲簡的藝術，言簡意賅，才能順利達成說服的目的。

善意的謊言不說不行

有時候，善意的謊言可能才是力挽狂瀾的最佳良策。在錯誤的時機裡，「實話」可能反而是殺傷力強大的致命武器。

還記得一部電影嗎？電影中一張嘴能將死的說成活的律師，爲求官司順利說起謊來面不改色，最後因爲兒子許願要他一天不得說謊只能說眞話，結果引來一籮筐的麻煩，生活頓時天翻地覆。

當然，說謊不是一件好事，可是，有一些謊卻不說不行。

以「不愛江山愛美人」而聲名大噪的溫莎公爵，在還是王儲之時，曾有過這麼一個鮮爲人知的小故事。

有一次，英國王室於倫敦舉行晚宴，招待多位來自印度當地的貴賓，以期促進英印之間的友好關係，保障英國在印度當地的種種商業利益。這場晚宴，安排交由當時還只是皇太子的溫莎公爵負責主持。

宴會中，達官貴人們觥籌交錯，賓客相談甚歡，氣氛頗為融洽。可是，就在宴會快要結束時，侍者為每一位客人端來了洗手盤，來自印度客人們並不清楚洗手盤的作用，看著精巧的銀盤，盛著清徹晶亮的水，竟端起來一飲而盡。

這個舉動看得席間作陪的英國貴族們個個目瞪口呆，不知如何是好，一時間氣氛尷尬極了，大家只好紛紛把目光投向主持人。

只見溫莎公爵神色自若，同客人一般端起自己面前的洗手盤，一飲而盡，絲毫不以為意，依然與客人談笑風生。

大家看了，楞了一下，隨即跟著紛紛倣效，本來可能會造成難堪與尷尬的危機，頃刻間化為烏有，宴會維持了原本的和諧氣氛圓滿結束，也得到了預期的效果。

突如其來的危機，往往會讓人一時心慌而難以招架，如果不能沉著應對，事情砸鍋便成了最壞的結果。

英國人著重表面工夫，對於禮節更是吹毛求疵，印度人從來沒見識過英國皇室的餐桌禮儀，會出錯也是在所難免；只是當時若直接上前指正，不只客人覺得丟臉尷尬，主人也不見得掛得住面子，最後必定兩敗俱傷，不歡而散。

反觀溫莎公爵以冷靜的做法，化危機爲轉機，或許表現得不合禮節，但是，此舉顧全了主賓彼此的顏面，熱絡了現場的氣氛，順利地達成預期的目的，可說是一次成功的社交模式。

說話的藝術或策略也是如此，眞相當然只有一個，但是有時候，善意的謊言卻可能才是力挽狂瀾的最佳良策。

「說實話」確實是一種良好的品性，但是在錯誤的時機裡，「實話」可能反而是殺傷力強大的致命武器。

說話得體才能無往不利

懂得適時適地說好話，才能得到預期的效果，也才能運用話語的力量，在人與人之間製造出減少磨擦的潤滑劑。

幽默的話語可以怡情養性，也可以增添生活情趣。

不過，說話可是一門大藝術，話說得得體、說得漂亮，可以事半功倍，相得益彰，爲自己的整體表現加分。但是，相對的，一旦自己話說得不好，則反而會招來反效果，不如不說。

大作家馬克．吐溫曾經收到一位文藝青年的來信。

這位年輕人初學寫作，除了在信中對馬克．吐溫表達欣羨、敬仰之意，還提出了一個問題請教馬克・吐溫。

「聽說魚骨裡含有大量有助於補腦的成分——磷質，那麼要成為一個舉世聞名的大作家，必須吃很多的魚才行吧？不知您覺得這種說法是否符合實際？」

接著，他又問道：「您是否也吃了很多的魚，吃的又是哪一種魚呢？」

馬克・吐溫讀完這封令人哭笑不得的信，只簡單地回覆幾個字：「看來，你恐怕得吃下一隻鯨魚才行。」

如果這位讀者根本不是馬克・吐溫的書迷，而是要寫信來吐槽的，那就另當別論，不然，原本一封向自己喜歡的作家表達敬意的書信，最後卻落得作家冷冷回應，心中必定感到錯愕。

但仔細想想，爲什麼馬克・吐溫讀了信，卻一點也不覺得高興，反而覺得有必要回信諷刺一番呢？

問題就出在那位讀者膚淺幼稚、用詞不當，縱使說者無心，但聽在聽者耳中，卻完全不是那麼一回事，誤會很難不產生。

特別是馬克·吐溫對於來信者又不熟識，當然沒有辦法考量對方是否沒有惡意。在不悅之餘，還能以幽默的態度來回敬，已經算是好修養了。

紀伯倫曾經這麼說：「幽默感就是分寸。」又說：「風趣往往是一副面具。你如能把它扯下來，你將發現一個被激惱了的才智，或是在變著戲法的聰明。」

懂得適時適地說正確好話，才能得到預期的效果，也才能運用話語的力量，在人與人之間製造出減少磨擦的潤滑劑，一個人只要處事圓融、說話得體、態度真誠，人際關係便能無往不利。

「拐彎罵人」比直言勸諫更有效

勸告必須是婉轉的，不要讓別人有「被指責」的感覺；轉個彎，換個方式，這樣的勸告才能達到效果。

談到說話的藝術，或許有人會不屑地說，說話根本沒有什麼困難，只要不是啞巴或是剛出生的孩子，誰都會說話。

的確，人人都會說話，然而，並不是每個人都能把話說得十分切題動聽，而且還要能說到重點，讓人心有戚戚焉。

沒有人喜歡聽到批評和指責，因此，在勸告別人的時候必須非常小心，不當的用字遣辭不但達不到勸導的效果，甚至還會傷害彼此的感情。

學習如何恰當地或技巧性地給予別人建議，無疑是一個人在建立良好的人際關係時，不可或缺的一環。

大家都知道，唐太宗李世民是一位賢明的君主，但是很少人知道唐太宗的元配長孫皇后，也是一個非常有說話智慧的女子。

有一天，唐太宗退朝回到寢宮，很生氣地對長孫皇后發誓說：「我要是不殺掉這個可惡的莊稼漢，我的尊嚴遲早會蕩然無存！」

長孫皇后一聽，連忙詢問這個莊稼漢是誰？

唐太宗憤憤地回答說：「還會有誰？當然是魏徵那個傢伙！只有他敢在大庭廣眾下頂撞我，讓我下不了台。」

長孫皇后聽完唐太宗的話後，沒有說什麼，只是立刻換上皇后的正式宮服，然後站在庭院中，恭敬地向唐太宗行大禮。

唐太宗對長孫皇后的行為感到十分驚訝，便問皇后為什麼要這樣做。

長孫皇后婉轉地回答：「臣妾曾經聽說，只有英明的皇上，才會有正直的臣子。魏徵之所以如此正直，都是由於您的英明而造成的，既然如此，臣妾怎麼能不向皇上祝賀呢？」

唐太宗聽了長孫皇后的話，不僅怒氣全消，而且還反省了自己的過錯，不久之後，便將魏徵升為宰相了。

後來，魏徵因病過世，唐太宗為此感到悲慟不已，不但親自替魏徵送葬，還親筆為魏徵寫了碑文。

如果沒有聰明賢慧的長孫皇后以技巧性的言詞暗中幫襯，魏徵這個忠臣可能早就死在唐太宗的刀下了。

由長孫皇后的例子可知，勸告必須是婉轉的，因爲如果長孫皇后跟魏徵一樣，採用直言進諫的方式，結果只會讓唐太宗更生氣，而且根本無法解決問題。

所以，想要勸告的時候，不要給別人有「被指責」的感覺，轉個彎，換個方式，這樣的勸告才能達到效果。

用幽默的方式，說出尷尬的事

越難過的時候越需要幽默，用心體會，也用心思考，從生活中悟出各式道理，我們才能從小聰明中看見大智慧。

「艾爾，你為什麼再也不和泰德下棋呢？」妻子不解地問。

「妳想一想，妳願意和一個一贏棋就趾高氣揚，但一輸棋就粗話連連的人玩棋嗎？」艾爾說。

「當然不願意了。」妻子明白地搖了搖頭說。

「是啊，泰德也不願意和這樣的人下棋。」艾爾說。

非常有趣的自我嘲諷，雖然聽得出艾爾的口氣有些不服，但這番話卻也顯現他的聰明。一個有自知之明的人總少不了聰明智慧，不會找藉口隱匿自己的過錯，也不會刻意遮蓋事實眞相，能夠用幽自己一默的態度坦白面對、勇敢承認，也因此能重拾人們的信任與喜愛。

不想帶著慚愧心虛過日子，就要學會幽默地正視自己的不足與犯錯，如此才能爲自己贏得生活快樂，人生也才能走得自在。

「你兒子出外發展多年，想必已經闖出一點名堂出來了吧！」友人問。

老保羅聳了聳肩，回答說：「他到底有沒有成就我是不知道啦，不過，我知道政府很看重他。」

「真的嗎？為什麼？」友人不懂地追問。

「因為，前天有位警察跟大家說，只要有人發現他或找到他，就可以獲得一萬塊獎金！」老保羅自嘲地說。

雖然老保羅切入的角度充滿嘲諷，用幽默的方式說出自己的無奈與感慨，卻也讓人看見了他對兒子的期望。再不成材也總是自己的孩子，做父親的總希望他能有些成就。爲了減少人們的責難，老保羅不直斥或遮掩兒子的錯，反而幽默嘲諷兒子的不爭氣，看似無可奈何，其實同時也讓別人知道，兒子的錯他不逃避，只希望兒子能省思己過，早日走向正確的道路。

越難過的時候越需要幽默，用心體會，也用心思考，從生活中悟出各式道理，我們才能從小聰明中看見大智慧。

兩則幽默自嘲的故事，引導我們深刻領悟，其實，人與人之間根本沒有面子問題，若想擁有圓融和諧的人際關係，便少不了坦白、勇於面對事實的智慧。簡單來說，能不逃避錯誤，能坦白己過，大部份的人都樂於再與你我握手言和，更樂於重新接納你和我！

肯定，是最有效的激勵

肯定，就是最有效的激勵，說得再多，不如讓他自己肯定自己，只要願意，每個人都可以發揮出無窮的潛力。

一句鼓勵、一聲肯定，就能助長一個人的氣勢，增強他的信心；那麼，我們又何必吝嗇我們的口水呢？

你的一句話，也許就能改變一個人的一生。

美國成功學大師拿破崙．希爾處世圓融，有著過人的智慧，一般人都很難想像，在他童年的時候，卻被家人認為是撒旦派來的小惡魔。

不管家裡發生任何大大小小的事，不用警察蒐證，大家都會異口同聲地說：「一定是小希爾幹的！」而且，八九不離十，最後往往都能找到證據，證明大家的懷疑其來有自，絕對沒有冤枉好人！

希爾的母親很早就去世了，突然的打擊總會使孩子格外早熟，希望用奇特的行徑來引起大人的注意。因此，希爾對製造麻煩這件事樂在其中，甚至以當個讓大家頭痛的「小惡魔」為樂。

有一天，拿破崙．希爾的父親宣佈他即將再婚，不久便帶著這位將要成為繼母的陌生人走進家裡。

他們走遍每一個房間，向每一個人親切地問好，當他們來到希爾面前時，父親說：「這就是希爾，是所有的孩子當中最壞的一個。」

這個陌生人把雙手放在希爾的兩肩上，眼睛裡閃爍著慈愛的光芒，她仔細地端詳他的臉孔，就像是媽媽一樣。

這時，拿破崙．希爾心裡浮起了一股熟悉的溫暖，他知道自己將會多一個親愛的家人。接著，希爾聽到一個溫柔地聲音說：「這是最壞的孩子嗎？當然不是，這是所有孩子中最聰明的一個，而我們所要做的，就是幫助他把自己的聰明特質發揮出來。」

希爾的繼母就是這麼樂觀、這麼寬容，永遠只看事情的光明面，無論希爾有什麼想法，她都不斷地支持他、鼓勵他，時常和他一起擬定大膽的計劃，然後在他遭遇困難時拉他一把，告訴他：「你一定會成功的。」

拿破崙·希爾的繼母的確沒有看錯，他後來果然是所有孩子之中，最有成就的一個，而且成了享譽全球的激勵大師！

古有明言：「人言可畏」，但是人言有時候也是很可愛的，不然運動比賽爲何總是需要有啦啦隊在一旁打氣？

與其給別人安慰，或是給他人建議，不如先給對方信心吧！

肯定，就是最有效的激勵，說得再多，不如讓他自己肯定自己，只要願意，每個人都可以發揮出無窮的潛力。

別以為自己是世界的中心

培根曾說：「一個最可惡的人，是一切行動都以自我為中心的人。就像地球以自我為中心轉動，讓其他的星球在周圍環繞運行一樣。」

比爾斯曾經諷刺說：「談話時滔滔不絕，是一種機能失調的現象，因為它使患者收不住自己的舌頭。」

其實，談話就有如彈琴，有時候用手按住琴絃使它停止發出聲響，和撥動琴絃使它產生音樂同樣重要。

一個窮人騎馬來到外地，經過一家小店，這時正值用餐時間，於是他把馬拴在樹上，就進去店裡吃飯了。

此時，正好一位有錢人也騎馬來到這裡，打算把他的馬也拴在那棵樹上，窮人見狀，連忙阻止那位有錢人說：「請你不要把馬拴在這裡，我的馬野性未馴，恐怕會踢中你的馬。」

「怎麼！這棵樹是你的啊？我愛把馬拴在哪裡就拴在哪裡，用不著你一個鄉巴佬多管閒事！」有錢人很不客氣地應了回去，自顧自的把馬拴好，然後大搖大擺地走進店裡吃飯。

過不了多久，屋外忽然傳來一陣嘶吼聲，窮人的馬果然野性大發，一腳就把有錢人的馬踢死了。有錢人勃然大怒，不由分說地便扯住窮人的衣領，拉著他去見法官，要求窮人要為此事做出賠償。

到了法官面前，任憑法官如何追問，窮人始終閉口不言、不發一語，令法官十分納悶，於是法官問有錢人說：「他好像是個啞巴，不會說話，這該如何是好呢？」

有錢人心頭一急，連忙對法官說：「他才不是啞巴！剛才我見到他時，他還跟我說了一些話呢！」

「喔！那他說了些什麼？」

有錢人不打自招地說：「他叫我不要把馬拴在那裡，還說他的馬野性未馴，可能會踢死我的馬。」

法官聽了，皺起眉頭，沉默了一會兒，然後宣判：「既然如此，你的馬等於是自殺，他並不需要付任何賠償。」

培根曾說：「一個最可惡的人，是一切行動都以自我為中心的人。就像地球以自我為中心轉動，讓其他的星球在周圍環繞運行一樣。」

有錢人不聽窮人的勸告，一旦出了事，又忙著把責任往對方身上推，像這樣一切都以自我爲出發點的人，是不是很令人討厭呢？

面對這樣的人，要懂得適時裝聾作啞，讓他自曝事情眞相。

其實，不妨可以學學院子裡的小蜜蜂，穿梭在不同的花朵間，如此才能發現更多不同的美，而且你會發現，這個世界比想像中更遼闊，何不放下「偉大的自我」，讓自己汲取到更多香甜的花蜜呢？

充滿信心才唬得了別人

唬人不過是個權宜之計，能及時充實自己才是上上之策，否則哪天被人拆穿了西洋鏡，可就糗大了。

虛張聲勢通常是因爲充滿強烈的企圖，想獲得一些自己渴求的事物。心理學家大多同意，人絕對有可能透過說話模式，爲自己製造一個虛假的形象，達到虛張聲勢的唬人目的。

唬人之前先做好功課，其實就不算是誇大其辭，因爲當你把別人唬得一楞一楞的時候，別人反而會被你的氣勢嚇得不知所措。

所以，在氣勢上絕對不能示弱，但也不能咄咄逼人，表現出自己絕佳的自信與當仁不讓的氣度，就踏上了成功的第一道階梯。

儘管是同樣的問題和同樣的答案，只要回答者在說話的表現方法上不同的時候，就會有不一樣的結果！

在某家科技公司的面試場合裡，主管端坐桌前，應徵者排隊在門外引頸等候，等候與主管面試對談的機會，每一個問題都攸關著錄取與否，個人的臨場反應與表現都是面試的重點。

每個應徵者進入後，面試主管都會問：「你對電腦懂多少？」

只見大部分應徵者都回答說：「懂一點，我在學校學過相關課程，房間有一台電腦……還有……」

面試主管聽了，便面無表情地喊著：「下一位！」

只有一位應徵者這麼回答：「嗯，那要看是哪一種電腦了。一般的超級掌上型的單晶片時間脈衝輸出電腦比較簡單，我小學時候常常使用它的解譯編碼作業流程。至於多功能虛擬實境模擬器就複雜得多，不過，我曾經完整測試過許多靜態資料儲存單元。長大後，我對於復頻道超高頻無線多媒體接收儀器開始產生興趣，每天晚上都會追蹤特定頻道的資料。至於傳統的電腦，我手下的一位工作夥伴，經常在我的監控之下，進行主儲存的單晶體與磁化資料存取之間的信號交換。」

面試主管聽了，終於露出笑容：「下星期一開始上班。你的配車在地下二樓，附車位，這是鑰匙……」

說話之時充滿自信及適當的表現自己，都是成功的重要因素。

故事中，大部分應徵者的回答相當不得體，也突顯了自己根本不太懂電腦的弱點，只是呆呆的將自己所知道的東西說出來，完全看不出他們對這個工作有所期待，甚至看不出有任何想要爭取到這分工作的誠意。

反之，這個被錄用的人雖然與大部分人所知無異，但是從他的言行舉止上來看，可以知道他強烈的想要這分工作，也學習了不少有關的知識，因此懂得以專業用語去包裝尋常的事物。

肥缺誰都想佔，就看有沒有本事去搶得先機，短短的幾分鐘面試時間裡，唯一要說服的對象就是負責遴選人才的主考官，能夠成功地得到主考官的認同，機會就如同囊中之物了。

俄國文豪,諷刺作家契訶夫曾經這麼說過:「只要你說話有權威,即使是撒謊,人家也會信你的。」

當你滿口專業術語,別人一定不會馬上察覺你是個繡花枕頭,反而會認爲你對這個行業有著相當的認知,相對地比較起來,自然比一問三不知的人來得強一些,也就奪得了部分優勢。

只是,唬人不過是個應對進退的權宜之計,就算因此得到工作的機會,更要能及時充實自己才是上上之策,否則哪天被人拆穿了西洋鏡,可就糗大了,豈止面子,連裡子都掛不住。

03

說說話的態度左右你的前途

如果彼此有不同意見，

只需讓他們知道自己的看法就行了，

不必和他們激烈爭論，辯得臉紅脖子粗。

多說好話，就可以減少摩擦

想規勸他人，要少一點針對，也要少一點嚴苛的指責，最簡單的方式就是多站在對方角度思考問題，多體貼對方的感受。

成功學大師戴爾·卡內基曾說：「如果你想要別人接受他們不想接受的要求，只需將這些要求包裝在他們喜歡聽的話語之中。」

確實如此，不論溝通、談判或是推銷自己的想法，想要順利達成目的，就必須先看穿對方潛藏的心思，然後用對方最喜歡聽的話語，巧妙地傳達自己的意思。

有位神父最近觀察到一個情況，每當他傳道的時候，聽眾之中有好幾個總是會打瞌睡，有的人甚至還非常不禮貌地鼾聲大作。

偏偏這些人在別的神父傳道時，卻一個個都能精神抖擻，凝神專注，甚至連眼睛都不曾眨一下。

有一回，這神父傳道完之後，忍不住滿腹疑問地走到一位剛醒來的信眾身邊問道：「為什麼你在我傳道時都會打瞌睡，在別的神父傳道時卻不會呢？」

這聽眾聽了，先是打了個哈欠，然後伸了伸懶腰說出理由：「原因很簡單啊！因為你傳道的時候，我們絲毫不會懷疑你說的話是否正確。但是，其他神父來向我們傳道的時候，我們可不敢有這樣的想法，所以，我們不得不好好地監視他、盯住他。」

神父雖然心中仍有些困惑，但聽見信眾如此肯定自己，不覺有些飄飄然，對於信徒的話就毫不懷疑的接受了。

當神父開心地接受信徒的理由時，想必令不少人莞爾，當然也讓人對這名信徒的機智回應深感佩服吧！

從另一個角度看，明明是聽講聽到打瞌睡，明明是這位神父演講不如別的神父精采，但信眾卻還能想如此漂亮的說詞，體貼保護神父的面子問題，確實不是一般人能及的。

日常生活中不少人在待人應對時都習慣直接回應，總是忘了關照別人的想法與感受，忽略了體貼他人的情緒，以致人際互動時增添了不少摩擦。

若是雙方互有心結，見面對話總是針鋒相對，不見和氣，爭執便一觸及發好像下面這個例子。

有位美國牧師剛從英國訪問回來，正準備搭火車返回家鄉，一走進車站大廳，就碰上了所屬教區的一位居民。

「拉姆先生，你怎麼在這裡？難道小鎮出了什麼事？」牧師擔心地問道。

「是的，牧師先生，發生了一件非常悲慘的事。唉，就在你離開美國之後不久，一場龍捲風捲走了我的家。」拉姆哀怨地說。

牧師搖了搖頭說：「親愛的，我就知道！我一點也不覺得驚奇，拉姆，你還記得嗎？我早就警告過你了，你卻一點也不聽，依然故我，一味放縱自己，還偏執地用錯誤的態度生活，這真是惡有惡報，誰都無法迴避啊！」

拉姆聽了，很不以為然地說：「牧師先生，就我所知，那場龍捲風似乎也把你的家給捲走了！」

「喔，是嗎？」牧師聽了驚呼一聲，但旋即便冷靜下來：「阿門，想必上帝以為我去了英國之後便再也不回家了！」

牧師用機智爲自己解了圍，但是恐怕很難圓融兩個人的關係了，當牧師不懂將心比心，體會別人受災的心情，還硬要把慘劇歸給因果，甚至在別人身心俱疲的時候大加斥責，顯然十分不通人情。

想規勸他人，要少一點針對，也要少一點嚴苛的指責，最簡單的方式就是多站在對方角度去思考問題。多體貼對方的感受，然後順著這份體貼心，尋找對方較能接受的勸告，如此一來，才能眞正達到圓滿勸諫的目的。

但是，恰魯比尼仔細地審閱一遍後，很肯定地對他說：「不，這不是曼哈寫的，因為實在寫得太糟糕了，不像曼哈的水準！」

沒想到，拜訪者這時卻說：「那如果我告訴你這是我寫的，你相信嗎？」

恰魯比尼一聽，很冷靜看著他，然後說：「不，你還不能寫得這麼好！」

看起來有些矛盾的兩句話，卻充分展現了恰魯比尼的機智。所謂見面留三分情，不想得罪人，即使答案有矛盾也要改口回應，於是恰魯比尼從「糟糕」轉成了「好」字，不過再仔細一點探究，這兩句話裡其實還藏著反諷呢！

試想，原來被批評不及曼哈的水準，轉眼卻成了作曲者還不到如此成熟的程度，其實不管何者都是在說作曲者的實力還不足，只是因爲恰魯比尼善用了「明褒暗諷」的說話技巧，因而他提出的批評就不會顯得太苛刻。

從名人的軼事回到現實生活，想想我們與人溝通意見時，經常用什麼樣的方法來表達呢？是毫不留情地直指對方的不是，還是轉幾個彎，再告訴他們表現上的缺陷或不足？

溝通是一門藝術，給人意見更要有技巧。

畫家可以用色彩來表現心裡的無奈或不滿，音樂人則懂得用音符來分享心中的快樂或悲傷，無論如何，他們在傳達內心話時總有一個媒介；相同的，當我們在表達內心想法時，便要懂得運用隱喻或借喻。

有時繞繞彎，有時另外找個目標來譬喻，不僅能大大減低「針對」的感受，也能增進溝通效果，若能再加點幽默元素，還能讓人微笑地聆聽你的意見，並進而打從心底接納且服從你的建言。

別人能看透真正的你

如果你討厭別人，別人也能感受得到，於是他們就會築起一道防備的牆，不讓你看到真正的自己，當然也就不會坦白說出對你的感覺了。

熟悉說話的藝術，人與人之間就可以在融洽的氣氛中，彼此交流想法和看法。有時候，你和某人並沒有交集點，但是，適時的說話技巧卻可以讓彼此敞開胸懷，建立起友誼的基礎。

但前提是，我們要如何才能訓練自己成爲一個說話高手，建立起更和諧、更廣泛的人際關係呢？

答案是要學會克制自己，不去說可能傷害別人的話。

有一句話說：「在世上最難控制的人就是自己。」

的確，要控制自己眞的很難，因爲，人往往不了解自己的眞實模樣，所以難以控制自己。要控制自己，就必須徹底了解自己才行。

你知道嗎？你的人格及個性幾乎決定了你的想法及行動，而你的想法又會決定你的自我表現方式。

不過，我們卻常常害怕去了解自己的人格及個性，由於不想了解眞正的自己，當然就不可能表現出完美的自己了。

要完美的表現出自己，就要根據自己的人格及個性、表現時的身心狀態、對方的人格及個性、遭遇場面狀況……等，隨機應變地改變做法，所以，充分了解自己，是非常重要的一件事。

一個人其實可以分爲兩大部分，一部分是自我的認知，一部分是別人的認知，因而要了解自己，不只是要了解自己認知的模樣，也必須要了解別人眼中的自己。

可是，我們雖然想知道他人眼中的自己，但有時卻又害怕去知道，也很難向他人啓齒。而且，站在別人的角度來說，誰也不想因爲說實話而被人討厭或憎恨，所以通常不會說出實際觀感。

那到底該怎麼辦，才能徹底了解自己呢？

試著詢問和自己沒有利害關係的家人或朋友吧！如此一來，你就能了解自己在別人心目中的印象，而且也能相當冷靜而坦然地去接受。

當然，這樣是不夠的，你還要不時地、不經意地去詢問和自己有所交集的人，總之情報越多，準確率也越高。

那麼，要怎樣才能了解除了家人或朋友以外，大家眼中的自己呢？

首先是試著去喜歡別人。

狗狗之所以會對某些人吠叫，對某些人會開心地搖尾巴，是因爲牠們能分辨出喜歡狗與討厭狗的人。人類的世界也是一樣，如果你討厭別人，別人也能感受得到，於是他們就會築起一道防備的牆，不讓你看到眞正的自己，當然也就不會坦白說出對你的感覺了。

接下來就是不要老將負面的事掛在嘴上。

比起想法消極的人，我們都會覺得想法積極的人比較有魅力；覺得有魅力，就能向他敞開心房了。

還有就是要以開放的心胸去獲得別人信賴感。也就是將你的想法、心情、意見、人生觀、工作觀……等，坦誠地向他人訴說。

如果對方敞開了心胸，我們自己也會一樣地回應他，那是因爲我們對他產生了信賴感。這樣一來，對方就能將心裡想的事坦白地說給你聽了。

最後就是增加溝通的機會。

一般人都會對有較多說話機會的人有好感，產生了好感，就容易將心靈敞開。藉由大量製造溝通機會，聽到對方主動說出對自己感覺的機率也會提升。

了解在他人眼中的自己人格及個性，就會更了解自己。

自大之前，先秤秤自己的斤兩

遇到事情的時候，請衡量一下自己的能力吧！與其人前現醜，何不先充實自己，累積實力，再尋求表現的機會呢？

卡爾曼曾經揶揄地說：「在天國的戶口名簿中，愚蠢的生物跟聰明的生物一樣，都是早就登記好了的。」

其實，一個人究竟是聰明的還是愚蠢的，並不是絕對的，天才與白癡往往只有一線之隔，如果你確實知道自己的天份，並且積極朝這個方向努力，那麼你就是一個聰明人，否則就是浪費時間和精力的蠢材了。

現代人普遍有一種毛病，就是很容易誇大自以爲是的能力。

明明沒這麼大的能耐，卻堅持自己可以，總是要等到失敗出現的時候，才肯承認自己眞的不行。到了這個時候，不但要耗費更多的心力來挽回，別人也會因此而對你失去信心。

面對這些執迷不悟的蠢材，讓如何「點醒」他們呢？

有一個畫家，認為自己在繪畫上非常有才能，所以一直堅持著自己的「藝術」理想，除了畫畫之外，從來不做其他的工作。

可是，他的作品乏人問津，幾乎又一張都賣不出去，所以總是搞到三餐不濟的地步。幸好街角有一個好心的餐廳老闆，願意讓他賒欠每天的餐費，因此，這個畫家便天天到這家餐廳來吃飯。

有一天，畫家在吃飯的時候，突然覺得靈感如泉湧，於是不管三七二十一，抓起桌上的餐巾，拿出隨身攜帶的畫筆，蘸著餐桌上的醬油、蕃茄醬……等各式的調味料，就開始作起畫來了。

餐廳的老闆不但沒有制止他，反而還趁著店裡客人不多的時候，在畫家身邊專心的看著他畫畫。過了好一會，畫家終於完成了他的作品。他看著自己畫在餐巾上的傑作，深深覺得這是他有生以來畫得最好的一幅作品。

這時，餐廳老闆開口了：「我把你所積欠的飯錢一筆勾銷，就當作是買你這幅畫的費用，你說好不好？」

畫家聽了老闆的話，又驚訝又感動地說：「沒想到，你也看得出我這幅畫的價值！看來，我真的是離成功不遠了。」

餐廳老闆連忙說：「請你不要誤會，事情是這樣子的，我有一個兒子，他也像你一樣，成天只想著當一個畫家。我之所以買這幅畫，是想把它掛起來，好提醒我的孩子，千萬不要落到跟你一樣的下場。」

每個人都有自己的夢想，嘗試新的事物和勇於接受挑戰是好事，因爲這樣可以激發出自己潛在的能力，可是欠缺自知之明，陶醉在自己的幻想之中，只會一再地暴露自己的不足，徒然惹人笑話。

遇到這樣的人的時候，請勸告他們：衡量一下自己的能力吧！與其人前現醜，何不先充實自己，累積實力，再尋求表現的機會呢？

何必為了缺點而感到自卑

真正的強者是不會有死穴的，他勇於承認自己的弱點，做足了心理建設，其他人無法由這些地方打擊他，因為他根本不怕別人的攻擊。

由於生長環境和所受的教育程度不同，因此，每個人行事風格大異其趣，說話的方式也不盡相同。

交際時說話應當注意察言觀色，對不同的人應當採取不同的說話方式，並且時時注意變換談話的內容，面對那些經常口出惡言或有意羞辱自己的人，更應該選擇適合的話題，回敬對方的驕橫無理。

晏子是春秋時代齊國著名的宰相，他雖然身材矮小，但是才高八斗、頭腦靈光，並且以機智聞名於世。

一次，晏子奉命出使楚國，楚靈王一向看不起齊國，於是晏子矮小的身材正好成為他取笑的題材。

楚靈王一見到晏子，便毫不客氣地說：「難道齊國沒有人才了嗎？怎麼派一個侏儒來這裡呢？難道不怕丟人現眼嗎？」

晏子早已料到楚靈王居心叵測，故意借題發揮，於是不動聲色、不慍不怒地回答道：「我們齊國可說人才濟濟，隨便一個路人甲都是個不可多得的人才。只是，我們齊國的規矩甚嚴，規定賢明的人出使賢明的國家，不才的人就出使不才的國家，我晏子身材矮小，又沒什麼長處，所以就被派來出使楚國了。」

楚靈王偷雞不成蝕把米，被晏子反將了一軍，心裡自然火冒三丈。正巧此時外面的士兵剛好押了一個囚犯經過大殿，楚靈王逮到了機會，故意大聲地問：「這名囚犯犯了什麼罪？」

士兵回答：「偷竊罪。」

「囚犯是哪裡人啊？」楚靈王明知故問。

「齊國人。」

楚靈王對這個答案非常滿意，露出洋洋得意的姿態，對著晏子挑釁地說：「齊國是窮到沒飯吃嗎？怎麼你們國家的人都喜歡做賊啊？」

晏子知道這場戲是楚靈王刻意安排的，目的無非是想令齊國蒙羞，所以他依然不慌不忙地回答道：「聽說江南的橘子，一旦移到江北就變成了枳子，橘子會長成枳子，是因為本身所處的環境不同，這麼簡單的道理，大王您一定明白。同樣的，齊國人在齊國奉公守法、安居樂業，一到了楚國就變成盜賊，這也是因為所處環境不同的緣故，和他來自什麼地方又有何關係？」

楚靈王自知理虧，對晏子臨危不亂的表現更是佩服得五體投地，於是立刻改以上賓之禮款待他。

晏子最令人佩服的地方，不只是他過人的機智和說話技巧，而在於他能敞開心胸，正視自己的缺點。

真正的強者是不會有死穴的，他勇於承認自己的弱點，做足了心理建設，其他人無法由這些地方打擊他，因爲他根本不怕別人的攻擊。

因此，何必爲自己的小鼻子、小眼睛而煩惱？更不必爲自己的多一塊少一塊肉而感到自卑，誰沒有缺點？誰沒有過錯？

勇者無所懼，千軍萬馬都不怕了，又豈會被自己的小瑕疵所打敗？

話說得體合宜，不僅能表現出自身修養的高雅，也能輕易地迎戰別人的攻擊，透過說話策略與技巧，讓人們接受你的意見或觀點，使人願意接近你，提昇自己的溝通、辦事效率。

只要做好心理建設，平日勤於鍛鍊自己的說話技巧，要成爲像晏子這樣充滿機智幽默的說話高手，其實一點都不困難。

說話，其實就像垃圾分類

說話時，主題必須要明確，不然對方是不可能會明白你的意思的。你應該把想要訴說的事，簡單明瞭地整理出來。

如果說，說話方式會顯現出你的人生風貌，你會相信嗎？

說話的方式、口氣、話題選擇、說話的組織能力、是否站在對方立場設想……等，這些總和都會決定人生的好與壞。這些說話之時的各種模式，經過每天不斷的累積，最後都會和你的生活方式息息相關，你每天怎麼過日子，是什麼樣的人，在大眾面前都會一目了然。

說話，其實就像畫畫一樣。對畫家來說，最基本的事就是如何構圖才能吸引人的目光，一幅優秀的畫，包括各個物件的配置、各種明暗狀態都必須協調，才能成功地突顯出主題。

說話也是如此，如何創造聆聽者的興趣、信賴與欲求，讓他們接受自己的說話模式，接受自己的觀點，是說話的一方必須勤加研究的功課。因此，如何組織話語來讓人聆聽，便是一門學問了。

你可能會說：「說話的結構？這聽起來很難、很複雜！」

其實，如何拆解這種結構，是可藉由學習去了解的。

說話的結構就和垃圾分類一樣，垃圾可大約分爲資源回收與一般垃圾，一般垃圾又可分爲可燃垃圾與不可燃垃圾、大型垃圾等，而不可燃垃圾又再細分爲玻璃類、鋁罐類……像這樣整體與細部的關係，是一種連繫狀態。

你可以把它們當作是說話的結構，那就變成了：

1.想要訴說的內容便是主題。

2.支援主題的是主要論點。

3.支援主要論點的是說明。

依此類推，當你在組織話語時，可將整體分成幾個部分，再將各個部分分成細部，而然後協調地將它們融合在一起。

說話時，主題必須要明確，不然對方是不可能會明白你的意思的。

當你的話主題不明確或沒有主題時，就好像是在說：「我沒有任何意見。」或是「隨便你怎麼解釋吧。」這樣非但無法讓對方信服，也不可能說服對方了。你應該把想要訴說的事，簡單明瞭地整理出來。

主題是否明確，和是否能以三言兩語來表達清楚有關。你不妨將自己想說的事，用二十字左右來表達看看吧！

一般人在和別人談話，最常出現的毛病，就是咬字不清與滿嘴口頭禪。

咬字口齒不清，對聆聽者來說是非常痛苦的事，他們必須豎起耳朵才知道對方到底在說什麼，而且必須要極度的集中精神。可是，這種對方說話的集中力是無法持久的，通常一陣子之後，他們努力想聆聽的心情就會萎縮。

在這種情況下，他們連聽話都興趣缺缺了，更不用說要對他們傳達想法、吸引他們或說服他們了。

有些人會說：「我的聲音是天生的嘛！改也改不了！」

不過，天生的聲音也有可能變得更清晰明瞭，最重要的就是記住正確的發音，關鍵點就在下顎的開啓方式。

記住了正確的發音，再讓聲音抑揚頓挫，用腹部來發出聲音，就可以讓自己口齒清晰。如果時間允許的話，每天不妨花二十分鐘來朗讀書本或報章雜誌。

努力用口齒清晰的聲音來說話，可加強自我表現能力。

至於口頭禪，最好不要出現爲宜。雖然有人的口頭禪能表現自我的魅力，但一般來說，聽起來都是刺耳的，會分散掉對方的集中力。

想要改善說話品質，可以請親朋好友幫忙注意自己說話時有沒有口頭禪，或者是在心中強烈地提醒自己。

很多人都常會不經意地脫口說出：「對呀，對呀……」「我告訴你喔……」等等口頭禪，在無意識之中會重複說著同樣的話，會讓人聽了煩不勝煩。

總之，你必須要改掉自己的口頭禪才行。

會「聽話」的人容易成功

在日常生活中學習聽話，可以讓你擁有良好的人際關係；而在銷售商品時學習聽話，才能讓你贏得顧客的信賴。

現實生活中，很多人不但不懂得如何「說話」，甚至不懂得「聽話」，這是因爲，我們通常只在乎自己的表達能力，忽略了留意聽別人說話的重要性。

這個現象反應了現代人急功近利的心態，以爲只要表達得宜，就可以說服別人，完成自己的目標，卻忽略了「認眞聽話」才是最重要的一環，才是讓別人眞正接受你的一種方法。

美國的汽車推銷大王喬治・吉拉德在他的推銷生涯中，總共賣出了一萬多輛的汽車，其中更包含了一年之內賣出一千四百二十五輛的紀錄。雖然他的銷售成績十分輝煌，但這也是經過多次失敗才能夠得到的成績。

有一天，一位很有名的富豪特別來跟他買車，吉拉德非常賣力地為富豪解說車子的各種性能，原以為富豪會覺得很滿意，但是，出乎他意料之外的，富豪最後竟改變了心意，不跟他買了！

這讓一向以自己的推銷能力自豪的吉拉德非常疑惑，很想知道到底是哪裡出了問題。吉拉德思考了一整天，還是不明白自己的失誤在哪裡，於是到了半夜十二點時，終於忍不住打電話去詢問富豪，到底為什麼不買他的車。

過了一會兒，富豪才拿起電話，一聽是吉拉德，便很不耐煩地說：「你知不知道現在已經十二點了？」

吉拉德說：「很抱歉，先生。我知道現在打電話很不禮貌，但是，我真的很想知道您不跟我買車的理由！能不能請您告訴我，究竟我讓您不滿意的地方在哪裡？」

富豪沉默了一會，開口說道：「既然你想知道，那麼我就告訴你吧！你的銷售能力真的很強，但是，我不喜歡你今天下午的態度。我本來已經決定買了，可是在簽約前，我跟你提到我兒子的事情時，你卻表現出一副蠻不在乎的態度，而且你一邊準備收我的錢，一邊聽辦公室門外另一位推銷員在講笑話，這讓我覺得很不受尊重。我就是因為你的態度，才打消了買車念頭的。」

不懂得「聽話」重要性的人，無疑是人際交往中的大傻瓜。

從事銷售工作的人都知道，說話技巧只是溝通的第一步，唯有滿足顧客的要求，才能成功地達成銷售商品的目的。但是，如何才能知道顧客的需求呢？這就得靠專注地傾聽，才能達到讓顧客滿意的效果。

「聽話」，是每個人都必須學習的功課。在日常生活中學習聽話，可以讓你擁有良好的人際關係；而在銷售商品時學習聽話，才能讓你贏得顧客的信賴。

說話的態度左右你的前途

如果彼此有不同意見，只需讓他們知道自己的看法就行了，不必和他們激烈爭論，辯得臉紅脖子粗。

辦公室裡的人際關係錯綜複雜，對上班族來說，懂得如何口是心非、怎樣應對進退，是建立良好人際關係的第一大要素。

辦公室裡的談話方式也是一門藝術。

首先，對年長的同事應當謙虛、服從。

年長的人生活經驗豐富，有很多值得年輕人學習的長處，但有時會過於保守謹慎。因此，與這些人交談時，即使你有不同看法，也不可採取不屑的態度，或口出狂言，應該給他們起碼的尊重。

如果在辦公室裡你是前輩，那麼，和年輕的同事談話時更應該拿捏應有的分寸，保持穩重的態度。因爲年輕人容易衝動，又缺乏工作經驗，因此說話之時，切記不要隨意附和，以免降低自己的身份。如果彼此有不同意見，只需讓他們知道自己的看法就行了，不必和他們激烈爭論，辯得臉紅脖子粗。

此外，要想獲得年輕人的尊重，絕不可以信口開河、誇大其詞，一旦被他們發現，自然而然的，對你的尊重和信任也將消失。

有些人一和地位高的人談話，自卑感就會顯露出來，使原本清晰的思路變得模糊混亂，講話支支吾吾。也有一些人和職位高的人說話時，習慣大言不慚，而且滿臉不屑的表情，缺乏最起碼的禮節與尊重。

這些都是錯誤的態度。

與職位比自己高的同事說話，不管他是不是你的頂頭上司，都應當保持適度的禮貌，一則他的地位高於你，保持禮貌對你日後的工作會有所助益，若能從談話中知道一點公司的內幕，更將使你從中獲得某種機遇。

再者，他能爬到現在的位置，必定有某些能力、知識、經驗、智慧値得你學習，在口頭上尊重他也是應該的。

當然，尊重職位比你高的人，並非得做一隻應聲蟲不可，那樣的話，他會認爲你是一個唯唯諾諾、毫無主見的人，對你留下一個難成大器的印象。

與職位高過自己的人談話，應該以他的談話爲主題，多聽話、少插言，並做到集中精神。自己講話時儘量不偏離主題，同時保持輕鬆自然的態度，坦白爽朗地說出自己的想法。

與地位低的同事談話也要掌握分寸，既不可一副趾高氣揚的模樣，也不要過於親密，更不要用教訓的口氣滔滔不絕地說個不停。應該保持和藹有禮的態度，對於他的工作成績加以肯定和讚美。

舌頭比拳頭更好用

遇到蠻橫不講理的人，懂得運用說話的謀略和智慧，才是避免爭執，同時又能解決問題的好方法。

蘇聯有句諺語說：「該用舌頭的地方，用拳頭並不能解決問題。」

許多日常生活中的實際例子都警惕我們，所有做出蠢事的人，都是在拳頭跑得比舌頭快的時候產生的，因此，做任何決定之前必須牢牢切記，許多事是舌頭可以巧妙解決的，想要教訓小人，又何必非得動用拳頭呢？

雖然大家都知道以禮待人是一種高尚的美德，可是，並不見得我們週遭的每個人都有這樣的修養。

遇到蠻橫不講理的人，對付他們最好的方法便是敬而遠之，如果真的無法避開，那麼只好運用見招拆招的說話智慧，使他們知難而退。

總而言之，硬碰硬絕對不是最好的辦法。

回教民族流傳著一則有趣的故事：阿凡提是村裡最聰明的人，專門幫助貧窮的村民，對付村中壓榨窮人的富翁巴依。

巴依為了報復阿凡提，有一天，把阿凡提叫到自己家裡，對他說：「阿凡提，大家都說你是最聰明的人，那麼請你猜猜我和我妻子下棋到底是誰輸誰贏？要是猜對了，我就給你一個元寶；要是猜錯了，我就要打你二十皮鞭。」

阿凡提考慮了一下，便答應了巴依的條件，於是當場找了一張紙，在上面寫著：「你贏她輸」四個字。

巴依雖然不明白阿凡提為什麼要寫給他看，但下棋時還是故意輸給了妻子。巴依很得意地對阿凡提說：「你猜錯了，我要打你二十皮鞭！」

阿凡提笑笑地回答：「你錯了，我才是對的！」

說完，阿凡提在紙上加了幾筆，句子就變成：「你贏她？輸！」

巴依看完，無話可說，但他還是不服氣，要求再猜一盤。

阿凡提答應了巴依的要求，也一樣在紙上寫著相同的四個字。

這一次，是巴依贏了他的妻子，阿凡便提在紙上加了兩筆，句子就變成了：「你贏，她輸！」

巴依非常生氣，對阿凡提說：「再猜最後一次！這次你要是猜對的話，我一定會把三個元寶全部送給你；如果猜錯了的話，那就別怪我手下無情了！」

阿凡提回答：「我可以答應你，不過你一定要說話算話。」

這一次，巴依故意和妻子下成平手。阿凡提不慌不忙地拿出答案給巴依看，上面寫著：「你贏？她輸？」

巴依想要報復阿凡提的詭計最終還是落空了，眼睜睜看著阿凡提高高興興地拿著三個元寶回家了。

俄國諷刺小說家克雷洛夫在提及說話辦事的技巧時，曾經幽默地說過：「語言就像是一把剃刀，最鋒利的剃刀會幫你把臉刮得最乾淨，不過，你必須做到靈活地運用這把剃刀。」

對於蠻橫無理的人，不要一味強調自己的立場，應該避開雙方相持不下的情況，爲自己找到了絕佳的出口。

懂得以巧妙的迂迴戰術避實就虛，用對方的邏輯來打敗對方，正是聰明人獲得勝利的重要關鍵。

在日常生活中，每個人都有可能遇到像故事中的富翁巴依這樣，不講理又愛仗勢欺人的人。遇到這種人的時候，如果你也採取相同的態度來回應的話，等於是在跟自己嘔氣，結果只會造成兩敗俱傷。

所以，懂得運用說話的謀略和智慧，才是避免爭執，同時又能解決問題的好方法。學學阿凡提的智慧吧！

「睜眼說瞎話」可以化解尷尬

要成為一個好的服務人員，不只要了解顧客的心態，現場的反應和情況的掌握，甚至幽默感，都是必須具備的條件。

許多先聖先哲都教導我們做人做事必須誠實，但是，誠實必須有一定的限度。有時，太過誠實既於事無補，又會讓彼此都受到傷害。

現實生活中，萬一我們遇到尷尬不已的場景，有時候還是得適時地「睜眼說瞎話」，才能化解彼此的窘迫。

其實，「睜眼說瞎話」並不一定非得要說謊，只要稍微模糊一下焦點，就可以讓自己和對方都找到下台階。

由於生活品質的提高，服務業在現代社會中所佔的比例越來越高，而且相互的競爭也越來越激烈。

要想在競爭激烈的市場中脫穎而出，除了完善的硬體設備之外，所有員工的服務態度和說話技巧，更是影響成敗的眞正的關鍵。

有一個五星級的豪華飯店徵求男性服務生，有三個人前來應徵。面試的時候，每個人都聲稱自己的反應最靈活，最知道如何服務客人。

為了考驗出哪一個才是真正出色的服務生，飯店經理出了一道題目，問他們：「如果你在檢查客房的時候，不小心開錯了房門，正好看見房裡的女客人在換衣服，而她剛好也看到你，這個時候，你該怎麼辦？」

甲回答：「很簡單。我會立刻鞠躬，對客人說：『小姐，真是對不起，我走錯房間了。』然後馬上關門退出。」

乙回答：「我會立刻蒙住眼睛，對客人說：『小姐，很抱歉，但是我什麼都沒看到。』然後趕快關門離開。」

丙聽完甲和乙兩人的回答後說：「如果是我，我會這麼說：『先生，對不起，我視力不好，能不能請你告訴我這是哪裡？謝謝。』」

聽完三個人的回答之後，經理決定錄取丙，成為這個飯店的服務生。

丙之所以會被這家飯店錄取，當然是因爲他能夠掌握當時的情況，做出最適當的反應。

試想，女客人在換衣服的時候被陌生人看見，情形一定非常的憤怒和尷尬，可是，丙的回答不但表達了自己的歉意，話語中「視而不見」的說話機智，也同時淡化了彼此尷尬的氣氛。

可見要成爲一個好的服務人員，不只要了解顧客的心態，現場的反應和情況的掌握，甚至幽默感，都是必須具備的條件。

04

試著把話說得更好聽

掌握說話的藝術，不代表你只能說好聽的話，

而是要學習如何把話說得更好聽一點，

每個人都喜歡聽好話，

只要誠實無害，何樂而不為呢？

不要被別人的情緒牽著走

片刻的惱怒往往使人瘋狂，這時若是你讓情緒控制了自己，那麼，你就失去掌控全局的主導權。

一對父子搭火車出外旅遊，途中有位查票員來驗票，情急之下，父親到處找不到車票，使得查票員口出惡言，怒目相向。

事後，兒子問父親，「剛才為什麼不還以顏色呢？」

父親笑著回答：「如果，這個人可以忍受他自己的壞脾氣一輩子，我為什麼不能忍受他幾分鐘呢？」

是的，面對別人惡言相向，我們應該理性地控制自己的情緒。

古羅馬思想家塞內卡曾經說：「如果一方退出，那麼爭吵就會很快停止，沒有雙方參加就不會有戰爭。」

的確，談話之時永遠應當是溫和善意的，而不應該像刀劍一樣直來直往，使自己陷入無可退避的窘境。

待人處事之時，我們都應該注意，會傷害別人的話儘量少說，談話的時候，並不是什麼話都可以脫口說出。

有一位著名的偶像男歌星，以渾厚低沉的嗓聲和英俊瀟灑的外貌風靡一時，令許多海內外的歌迷都十分為他傾倒。

有一回，偶像歌星到外地演唱三天，每天早上，他都會接到飯店服務生送來的鮮花，這些鮮花、禮物、卡片對偶像歌星來說已是習以為常，除了無比的感激之外，他並不以為意。

沒想到演唱會結束的隔天，當他在餐廳用完早餐準備到櫃台辦理一些手續時，迎面突然來了一個面紅耳赤的男人，握緊雙拳對他大喊：「你是什麼東西？居然搶別人的老婆……」

男人說了一連串不堪入耳的粗話，大廳裡的賓客冷眼旁觀、議論紛紛。偶像歌星則感到莫名其妙，心想追求自己的女人不計其數，他有必要去勾引別人的老婆嗎？

偶像歌星等待男人冷靜下來，一問之下才發現，原來這個男人的妻子，就是每天早上送一大束玫瑰給他的女歌迷。

這名粗魯的男人罵上了癮，不但越說越激動，還動手拉扯偶像歌星的衣袖，在大庭廣眾下糾纏不休。飯店警衛看到這種情況，急忙趕了過來，試圖將這個鬧事的男人拉開，但是卻被歌星伸手制止了。

接著，歌星微笑著對這個怒氣沖沖的男人說：「這樣好了，我們先靜下心來，上樓到房間裡聊聊吧。」

「去就去，我還怕你不成！」男人氣呼呼地回答。

兩人進到了偶像歌星的房間，房門一打開，房間裡竟然四處擺滿了鮮花，連廁所的角落都不放過。

這時，偶像歌星無奈的聳聳肩，慢慢對這位男子說道：「你說吧，哪一束是你老婆送的？我還給你。」

科爾頓有句名言：「我們憎恨那些人，是因為我們不認識他們；而我們永遠也不會認識他們，因為我們憎恨他們。」

片刻的惱怒往往使人陷入瘋狂的狀態，這時若是你讓情緒控制了自己，那麼，你就失去掌控全局的主導權。

大聲的人未必有理，發怒對事情也沒有什麼幫助。不要被別人的情緒牽著走，否則你只會步上他們的後塵；不管遭受到多麼不合理的待遇，能夠控制自己情緒的人，才有道理可言。

世間的是非只爲多開口，煩惱皆因強出頭，充滿自信的人因爲能控制自己的情緒，忍耐一時的衝動，因此人生旅程比暴躁易怒的人少了許多狂風暴雨。

面對強詞奪理，要懂得反唇相譏

碰到一些喜歡惡意諷刺、挖苦別人的人，為了維護自己的尊嚴，同時也給對方一個教訓，應該抓住他的謬誤要害，反過來進行反諷。

有種隱含假設式的誘問，是引人上鉤非常高明的手法。

一天，少年華盛頓家中丟了一匹馬，有人指證說是被附近的鄰居偷走了，於是，他請一位警官陪著去索討。但是，鄰居不肯歸還，聲稱那是自家的馬。

小華盛頓於是上前用雙手蒙住馬的眼睛，然後問偷馬的鄰居：「如果這馬是你的，請告訴我，馬的哪隻眼睛是瞎的？」

鄰居想了一下，猜測說：「右眼。」

小華盛頓放開右手，馬的右眼明亮有神，顯然沒有瞎。

「我說錯了，馬的左眼才是瞎的。」鄰居急忙改口辯解。

小華盛頓又放開左手，結果馬的左眼也是雪亮的。這時，警官嚴厲的宣判道：

「這樣一來，已經證明馬不是你的，你必須立刻把馬還給華盛頓先生。」

小華盛頓採用的隱含假設式誘問，問話中帶有圈套，才能出奇制勝，讓鄰居措手不及。這種隱含假設式誘問，也常運用到談判或辯論當中，聰明的談判者和辯論者都會以此來戳穿對方的謊言。

另外，在論辯中，只要揭露對方依據是虛假的，那就如同蝕根倒樹一般，對手的論點很容易就會被推翻。如果對方無理取鬧、強詞奪理，你也不可示弱，適當地運用一下也未嘗不可。使用這種方法時，要承接對方的講話內容，以其中的語句做反擊，順序推倒對方的論點。

法國細菌學家巴斯德前往巴黎參加學術會議，旅館接待員安排他住在一個陰暗潮溼的小房間裡，因為他的衣著看起來不名門貴族，像老百姓一樣普通，行李箱又舊又簡單，因而被認定是個窮酸老頭。

巴斯德受此待遇很生氣。後來，那個接待員得知他是個名揚四海的大教授時，笑容可掬地向他道歉說：「我以為人的外表和他的聲名是成正比的，所以，我把您弄錯了，實在對不起……」

「不，我認為一個人外表和無知才是成正比的。」巴斯德不等他說完，立即反譏一句，羞得接待員面紅耳赤、無地自容。

巴斯德教授機智的反唇相譏，無疑是用深刻的語言，點出對方以貌取人的勢利。反唇相譏多是爲了批評自己看不慣的現象，諷刺和挖苦醜惡的行爲。

在一輛電車上，一位老太太上車後，發現車上已經沒有空位，只好站著忍受顛簸之苦。此時，有位先生從座位上站起來，客氣地讓座，這位老太太泰然坐下之後，竟然吭都沒吭一聲。

鄰座一位先生對老太太不禮貌的行為很不滿，轉身問那位老太太：「老太太，您剛才說什麼呀？」

老太太覺得奇怪，莫名其妙地回答：「先生，我什麼話也沒說呀！」那位先生立即致歉，說道：「喔？真是對不起，我還以為是您向這位讓座的先生說『謝謝』呢！」話音一落，哄笑聲差點兒把車廂震破。老太太這才知道自己的無禮，感到很不好意思。

人們在日常交際中，常會碰到一些心術不正，喜歡惡意諷刺、挖苦別人的人。為了維護自己的尊嚴，同時也給對方一個教訓，應該像安徒生一樣，抓住對方的謬誤要害，反過來進行反諷。

安徒生極為勤儉樸實，喜愛戴一頂破舊的帽子在街上閒逛。某天，一個路人嘲笑他道：「你腦袋上的那個玩意兒是什麼東西，能算是頂帽子嗎？」

安徒生聽了後，毫不猶豫狠狠回敬了一句：「你的帽子底下那個玩意兒是什麼東西？能算是個腦袋嗎？」

會說話，更要能聽出話中話

要學習判斷是非，也要學會觀察聆聽，如此才能找出正確的答案，不致於被人誤導而做出誤判。

只要了解對方的心思，再用幽默風趣的方法進行互動，再棘手的事情，再難纏的人，也可以輕輕鬆鬆搞定。

在法庭中，被告的辯護律師大聲質問證人：「你說事故發生的時候，你離出事的地點約有一百英呎，那請告訴我，你到底能看見多遠的東西？」

證人說：「嗯，我早上起來的時候可以很清楚地看到太陽，據說，太陽離地球有九千三百萬英哩，所以這就是我可以看見最遠的距離。」

對你來說，證人的答案似乎有些刁鑽，但是就事論事，從證人的角度來思考，他的說詞其實並沒有錯。

在法庭上，講求的是最正確的答案，以及最公正的審判，每個證人也知道自己的證詞將影響某個人一輩子，所以，答案總是得小心構思。也許，有些是經人教導，有些是自己不小心脫口而出，至於眞實性有多少，大概就只有他們自己知道了。

不過，一如「可以看見太陽」一樣，這證詞看起來笨，但也留給人無限的想像空間，這樣的證詞絕對不會得罪人，至於該怎麼論斷是非，就看法官怎麼取捨，如何拿捏了。

法庭上，不乏各式各樣讓人啼笑皆非的證詞，下面的故事又是一例。

有個女性是一間即將破產的公司的女秘書，幾天前收到法院的傳票，要她在這天出庭作證。現在，法官正以極為嚴肅的口吻質問她：「妳知道作偽證會有什麼後果嗎？」

女秘書很冷靜地點了點頭，然後對法官說：「知道，我可以獲得二千法郎和一件貂皮大衣。」

在這個故事裡，我們很難揣測女秘書是真笨還是裝傻，然而這個看似愚蠢的回答，其實正揭露了事實與眞相，這或許是我們在面對難以處理的人事糾紛時的最佳方法，不是嗎？

在另一個法庭上，法官問證人：「宣誓之後，你知道應該怎麼做嗎？」證人點頭，回答說：「我知道，一旦宣誓之後，不論我說的是真是假，都應該堅持到底！」

在不得不說假話的時候，簡單一句「無論眞假都要堅持到底」，反而有會心一笑的效果。

其實，法庭上的僞證人和罪犯大都是帶著一顆不踏實的心上台，在不能說出事實的前提下，他們總得編織許多謊言，然而謊話記得再清楚、說得再詳盡，也始終比不上記憶深刻的事實眞相。

想找到僞證的漏洞其實不難，仔細聽聽對方的說詞，也用心觀察對方的神情，就不難從中發現實情。

在人際交流時，我們也經常面對相似的情況，常會無法判斷人心的眞僞；或者聽對方說話時，總覺得意在弦外，根本抓不住對方的重點。

因此，我們要學習判斷是非，也要學會觀察聆聽，如此才能找出正確的答案，不致於被人誤導而做出誤判。

你能徹底保守秘密嗎？

羅斯福以子之矛攻子之盾，一句話巧妙地堵住了朋友的探詢，在滿足朋友的好奇心和堅守自己的分際之間，他選擇了盡職地保守秘密。

身處競爭劇烈的社會，當我們知道某些業務上機密的時候，無可避免地就會遇上四處湧現的人情壓力，要求我們透露這些重要訊息。

許多政府部門的公務員或企業管理階層，都有這方面的困擾，既不能說出自己必須保守的機密，又不能傷害彼此的友誼，更不能直言拒絕而得罪某些掌握自己升遷大權的人，因此陷入左右爲難的困局。

如果我們想要讓對方了解自己不能洩密的立場，那麼，就必須透過發自內心的言語，並且用高明的談話技巧，來使對方感同身受。

人是一種喜歡「偷窺」的動物，特別喜歡打探秘密，喜歡享受那種「只有我知道」的獨一無二的感覺，彷彿因爲自己極爲特別，才有權得知這個秘密。

人，喜歡自己是特別的、受人尊重的。

但人也是矛盾的動物，因爲，他們一方面想保有自己的秘密，不讓別人知道，另一方面卻想運用各種方法，去探知別人的秘密。

遇到這種情形，你應該如何透過談話策略因應呢？

美國羅斯福總統在擔任海軍助理部長時，有一天，一位好友突然來訪。兩人閒聊了一會，朋友竟然問起，海軍在加勒比海的某個島上建立基地的事。

「我只要你告訴我，」羅斯福的朋友說：「我所聽到的那個有關基地的傳聞是否確有其事。」

羅斯福一聽楞了一下，朋友所要打聽的事，在當時是不便公開的；好朋友出言相求，直接拒絕並不是最好的方法，但是羅斯福職責所在，不能輕易洩漏國家機密，所以，不拒絕也不是，那麼到底該如何是好呢？

試著把話說得更好聽

掌握說話的藝術，不代表你只能說好聽的話，而是要學習如何把話說得更好聽一點，每個人都喜歡聽好話，只要誠實無害，何樂而不為呢？

諷刺作家斯威夫特曾說：「歷史上的那些偉人都擁有兩個與眾不同的器官，那就是一張始終不露聲色的臉孔和一個永不守信用的舌頭。」

的確，見人說人話，見鬼說鬼話，是所有成功的大人物都具備的一項特異功能，因爲，如果他們沒有一個能夠見風轉舵的舌頭，又如何能讓別人跟傻瓜一樣爲他們心甘情願賣命呢？

其實，「見人說人話，見鬼說鬼話」不見得不好，只要不是存心騙人，運用在日常生活中，這種見風轉舵的說話方式，正是我們趨吉避凶的自保方法。

有個國王在夜裡作夢，夢見他的頭髮全部掉光了，醒來後心急如焚，連忙請來一位解夢大師，問問這個夢境的意思。

這名解夢大師聲名遠播，無人不曉，據說非常靈驗。大師聽了國王的夢境後，嘆了口氣說：「國王陛下，這個夢說明了您的親人將會遭到不測，如同頭髮掉落一般，實在是不幸啊！」

國王聽了勃然大怒，情緒失控地拍著桌子說：「來人啊！把這個胡說八道的傢伙給我拖出去斬了！」

話雖如此，國王還是感到不放心，立刻又召來了另一位解夢專家，請他說明這個夢境的意義。

聽了國王的敘述之後，解夢專家展開了笑容，向國王深深一鞠躬說：「恭喜國王，賀喜國王，這個夢顯示您將會活得比您所有的親人還久。」

國王聽了，總算放下了心裡那塊七上八下的大石頭，趕緊命侍衛帶領解夢專家至庫房領取賞金。

途中，侍衛大惑不解地問：「在我聽來，你們兩個解夢大師的解釋並沒有什麼不同啊！為什麼國王卻一會兒生氣，一會兒又如此高興呢？」

解夢專家氣定神閒地笑著說：「同樣的意思，他說的是國王不喜歡的那部份，而我說的則是國王想聽到的話。」

表達的意思相同，但是只要表達的方式不同，結果也就大不相同。

直言相諫的忠臣，通常也死得最快，反倒是口蜜腹劍的小人，在歷史上層出不窮，廣受君主的重用。

忠言逆耳，古有明鑑，世人都喜歡聽好聽的話，不喜歡刺耳的話，那麼又何必硬要朝他人的痛處踩下去呢？

掌握說話的藝術，不代表你只能說好聽的話，而是要學習如何把話說得更好聽一點，每個人都喜歡聽好話，只要誠實無害，何樂而不爲呢？

懂得羨慕也是一種美德

懂得羨慕別人是一種美德，因為有比較才會更進取，壓抑自己的羨慕，最後只會演變成忌妒，讓你狗嘴裡吐不出象牙。

如果你沒有一點特別的長處，人家根本不會嫉妒你，更不屑去浪費口水批評你、嘲諷你。因此，情願做個有資格讓人冷嘲熱諷的人，也好過終其一生，只能在台下奚落別人！

哥倫布是十五世紀著名的航海家，經歷了千辛萬苦，皇天不負苦心人，他終於發現了美洲新大陸。

對於這個劃時代的偉大發現，人們給予哥倫布很高的評價及榮譽，但是，「人怕出名豬怕肥」，同樣的，也有其他的人士對此表示不以為然，並且時常當眾批評他只不過是運氣好罷了。

這些人的言談像是一根根藏在棉花裡的針，經常「不經意」地流露出諷刺，隨時都有可能把他刺傷。

有一次，哥倫布邀請朋友來家裡作客，茶餘飯後，大家不禁又提起了哥倫布航海的經歷，然而，當中有些人語帶嘲諷、笑裡藏刀，似乎對這樣的奚落樂此不疲。不過，哥倫布聽了卻一點兒也不生氣，完全不試圖替自己辯護，只是起身從廚房裡拿出一顆雞蛋，然後對著大家說：「你們有誰能把這個雞蛋豎起來呢？」

大夥兒輪番上陣，想盡各種方法，結果卻一一失敗，於是質問：「雞蛋表面是圓滑的，怎麼可能豎得起來呢？」

「看我的吧！」哥倫布微笑地說著，然後輕輕地把雞蛋的其中一頭敲破，雞蛋自然就豎起來了。

「你把雞蛋敲破了，當然能豎起來呀！」有人不服氣地抗議。

「是呀！現在你們看到我用這個方法把雞蛋豎起來，才知道其實方法很簡單，根本沒有什麼了不起，但是，為什麼在我之前，你們當中卻沒有一個人想得到這個簡單辦法呢？」

樹大招風，所謂「譽之所在謗亦隨之」，說明了人總是見不得別人好，這就是人類與生俱來的天性。只不過，人往往口是心非，明明眼睛紅得像隻兔子，表面上卻還言不由衷口口聲聲地說「恭喜恭喜」。

假裝的大方不叫「風度」，而是「虛偽」，那種會在背後捅你一刀的，往往就是這種奸詐小人。

其實，懂得羨慕別人是一種美德，因爲有比較才會更進取，壓抑自己的羨慕，最後只會演變成嫉妒，讓你狗嘴裡吐不出象牙，還會變成一顆酸溜溜的發霉檸檬。因此，羨慕別人的時候，就大大方方表達出來，相對的，面對別人的嫉妒，就把他們的冷嘲熱諷當作是一種恭維吧！

別讓長篇大論突顯自己的愚蠢

西方的社交禮節中，有一條這樣的規範：「寧願少說話隱藏自己的愚蠢，也不要多開口來證實你真的愚蠢。」

英國作家斯威夫特說：「在交談當中，有的人用些陳腔濫調折磨著每一個賓客，不讓自己的舌頭休息片刻，卻自以為是學識淵博。」

說話的時候口若懸河，或是辯理無懈可擊的人，並非總是思想正確無誤的，也不一定就會大受歡迎。

很多人講話的時候喜歡長篇大論，自以爲如此一來，別人就會認爲自己很了不起，卻不知道這樣的行爲，只會導致別人的反感。

畢竟，在這個講求效率與速度的現代社會中，沒有人喜歡把時間浪費在冗長又毫無意義的談話裡。

有一個美國人到日本演講，請了一位日本人做他的即席翻譯。

當這個美國人開始演講的時候，他為了測試那位日本翻譯的程度，便一口氣講了十五分鐘的話，然後才停下來請日本人翻譯；但是沒想到，這位日本翻譯卻只講了一句話就停下來了。

美國人雖然覺得很奇怪，但是也不好意思問，而且見到台下的聽眾反應很熱烈，於是又繼續滔滔不絕地講了十五分鐘，接著再停下來讓日本人翻譯。可是，日本人還是一句就講完了。

最後，美國人又講了十分鐘，然後便結束了他的演講，而這位日本翻譯最後也同樣以一句話輕輕帶過。

聽眾聽完了日本翻譯的話，不但全場哄堂大笑，還報以熱烈的掌聲，這一場演講就這樣圓滿地結束了。

那個美國人非常驚訝，想知道這位日本翻譯怎麼這麼厲害，於是便問台下一位會說美語的聽眾，他到底是如何翻譯的。

這位聽眾就對這個美國人說：「剛剛，那個日本翻譯第一句話說的是：『到目前為止，沒有什麼新鮮的事可聽。』第二句是：『我想，到結束之前應該都不會有什麼可聽。』第三句是說：『我說的沒錯吧！』」

這個笑話告訴我們，千萬不要以爲自己所說的都是眞知灼見，在別人耳中，也許只是一些了無新意的廢話。

西方的社交禮節中，有一條這樣的規範：「寧願少說話隱藏自己的愚蠢，也不要多開口來證實你真的愚蠢。」

所以，除非你眞的有把握自己的話語充滿創意，能夠言之有物，否則的話，還是盡可能長話短說吧！

用智慧拿捏進退

理事要簡潔明快，處世要周全果斷，但更要為自己的權利好好守護，不論退與不退都要運用智慧拿捏。

某一天，朱哈愉快地走進理髮店，誰知，原本的好心情卻被一名手藝很差的剃頭師傅破壞了。只見平躺在椅子上的朱哈眉頭深皺，「哎呀」聲連連，因為這個新來的剃頭師傅手中的剃刀，不斷劃破朱哈的頭皮，每剃破一處，便用棉花輕輕地按住頭皮上的傷口。

忍了好一會兒的朱哈，實在忍受不了了，於是揮了揮手，說道：「請停手，我不想剃了！」

但是當他準備站起來時，卻被剃頭師傅猛然壓回座位，只見師傅平靜地對朱哈說：「朋友，忍一忍，就快剃完了。」

這個頗具喜劇效果的小事例，想必讓不少人的心情爲之一振吧！

廣受人們歡迎的喜劇片段，不也有許多像這樣無厘頭又充滿趣味的劇情安排？想像著朱哈快樂地走進理髮店，接著反而哀聲連連，其中喜悲反差的效果的確趣味橫生。只是再想想，朱哈若眞的一忍再忍，弄得滿頭是傷後才默默離開，就未免有失機智大師之名了。

是的，不是所有事都要退讓或逼自己接受，過分在意人們的感受或情感，逼得自己事事都要委曲求全，不過是讓自己深陷人情的泥淖罷了。

當剃頭師傅第一刀刮出傷口時，我們就要提出抗議了，怎能一忍再忍呢？甚至最後還無力反抗，乖乖地聽話坐回原來位子上任人宰割？

處世之道有退有進，但別忘了退一步不是一味地低頭隱忍。

凡事要據理力爭，該是我們的機會與權益都不該輕言放棄，要懂得幽默的方法說出自己的看法。

有名罪犯的家人，十分欣慰地對朋友說：「雖然他被判坐電椅，但幸虧我們請到一位非常能幹的律師……」

友人臉上不禁展露笑容，欣慰地問：「真的嗎？那他脫罪了吧？」

「沒有脫罪啊！不過，律師已經幫他爭取到，把椅子的電壓降低一些些。」犯人的家屬說。

多加一瓦或少降一瓦到底有多大的差別，大概只有受過電刑或者執刑者才知道，只是這其中重點，又豈是在電壓的高低？

說笑著那「一些些」，卻也發人深省，不用討論受刑者應該不應該被判死刑，而是應當反思他們口中的能幹律師，是否眞的盡了全力爲犯人辯護，並盡力爲犯人洗脫罪名才是。

從朱哈被押回椅子上的情況，再至罪犯僅僅少一些些的電壓，我們也得出了一個結論：「理事要簡潔明快，處世要周全果斷，但更要為自己的權利好好守護，不論退與不退都要運用智慧拿捏。」

在這個紛紛擾擾的時代，人與人之間充滿著爭執、衝突、競爭、交戰，許多無謂的爭執衝突，都是溝通不良引起的！

如果，你懂得用幽默的方式表達自己的想法，不但讓對方無從下手，更表現出自己的坦然與寬宏。幽默是人的情感的自然流露，可以直接讓對方卸下原有的心防，甚至可以像潤滑油一樣，緩和原本僵持對立的氣氛。

如何向上司表達自己的意見

上司也是人，每個人都想要對方認同自己，所以即使他做了錯誤的判斷，也要表示認同他的人格及立場。

思想家賀拉斯說：「懷著輕蔑對方的心理，就會使你的話語充滿怒氣，不僅會傷害別人，也會傷害自己。」

試想，如果說話不分對象，對待什麼人都用充滿蔑視或憤怒方式，那麼勢必會爲自己招來禍端，也無法和別人好好地溝通。

就算這樣的人有著滿腹經綸，最後也會遭到上司冷凍或是解僱，最後淪爲只會成天發牢騷的社會邊緣人。

如何對上司表達自己的意見、卻不會讓上司沒面子的方法是很重要的。

相信很多人都會有過在無意間頂撞上司、讓上司惱羞成怒的經驗吧！

當上司對你說：「已經好幾天了，你也該做出個結論了吧？」如果這時你卻回答：「這怎麼可能辦得到嘛！你看一下我們目前的現狀，應該馬上就知道不可能啊。」

也許當時的你還不夠圓融，所以才會依自己的情緒，說出完全不為對方著想的話。試想，此時的上司會有怎樣的心情呢？

部屬的口氣如此無禮，對上司而言可是一大屈辱，因此他們會運用自己職務上的權力去暗整你，甚至還會威脅你，並且可能在往後的日子裡，也會用盡各種方法來挑你毛病，對你施壓。

像這種對待上司，並不會得到自己想像中的效果，反而會激怒上司，招致和自己預期完全相反的結果。

那麼，怎麼說才能提高效果呢？

其實，上司也是人，每個人都想要對方認同自己，所以即使他做了錯誤的判斷，也要表示認同他的人格及立場，這是最基本的態度，而且要以請對方聆聽自己想法的心情來應對才是。

你可以這麼說：「聽了課長的意見，我覺得很新鮮，原來還有那種想法。可是，關於那個案子，我是這麼想的……您覺得如何呢？我很想聽聽課長的意見。」這樣的說話方式，就不會讓上司覺得毫無面子，而且還能使他委婉地提出不同的想法和參考意見。

如果上司不容易流於情緒化，會冷靜地聆聽他人的意見，便能反省自己的言行和決策是否有錯誤。

如果這時的你能再來尋求他的建議時，就能讓上司更明顯地察覺到自己的錯誤，並得到修正與改善。

小心脫口而出的話

凡事要謹言慎行，因為你所說的每一句話，絕對比你想像中的還要具有威力，甚至可以是致命的殺傷力。

美國有句諺語說：「喜歡到處和人打架的狗，通常會跛著腳回家。」

這句話提醒我們，喜歡和別人爭執的人，自以爲是兇猛的獅子，其實只不過是隻小狗，通常都不會有什麼好下場。

人不會因爲話說得太少而後悔，卻常常因爲說得太多而後悔。因爲，就算修養再好的人，一旦打開話匣子，也難免會說些自欺欺人和誇大不實的話語。

此外，當你心中有著怒火，說話的時候，總是有一些火星會冒出口中。結果就像斯溫伯恩所說的：「人們在尖刻的言語之中摘不到果子，在他們搖動大樹根部時，得到的是扎人的刺。」

有位哲人曾告誡我們，有四件事是一去不回的：一是說出口的話，二是已經射出的箭，三是過去的事，四是錯過的機會。

因此，不管談話之時情緒再怎麼惡劣，都要控制自己的舌頭，千萬別脫口說出讓自己後悔莫及的話語。

有個人向穆罕默德傾吐心中的悲傷和挫折，他因為對朋友口出惡言而深感自責，也對自己在非理智的情況下，脫口而出的話深感不安。所以，他想請教先知，怎麼做才能彌補自己的過錯。

這時，穆罕默德帶他繞了小鎮一圈，並要他趁晚上在每一戶人家的門前放了一根羽毛。隨後，穆罕默德也要求他第二天早上必須把羽毛一一收回，完成這項工作之後再把結果告訴他。

第二天，這個人滿臉愁容地來找穆罕默德。

「穆罕默德先生，」他哭喪著臉說：「昨天晚上我照你的話完成了任務，可是，今天早上我準備收回羽毛的時候，卻連一根都找不到了。」

「是的，你說過的話不也是如此？」穆罕默德解釋：「一出口後，它們就飛走了，再也收不回來了。」

史坦納曾經勸告我們說：「未經思考就脫口而出的話，往往會成為我們人生路上的絆腳石。」

「多說多錯，少說少錯」，這是我們最常被訓示的一句話，回想一下，你是不是常常後悔說過的話呢？

言多必失是事實，所以，凡事要謹言慎行，因爲你所說的每一句話，絕對比你想像中的還要具有威力，甚至可以是致命的殺傷力。

05

閃避迎面而來的攻擊

不動聲色地沉著應對，

看清楚對手攻來的方向，

看明白對手所持的武器，再伺機反擊。

萬一不幸避之不及，最好先求保命！

投其所好便能輕易達成目標

說話要正中下懷，做事對症下藥。當順勢把一個人推上台階可以有利於自己時，那就不用太堅持事實了。

能不能看穿對方所思所想，往往是事情能否順利成功的最重要關鍵。

美國人際關係大師卡內基曾舉例，當你想釣一條魚的時候，不是用自己喜歡吃的東西去引誘牠，這樣魚兒是不會上鉤的；魚鉤上放的，一定要是魚兒喜歡的食物，這樣魚兒才會上鉤，才有可能釣到魚。

人與人之間的應對，也是相同的道理。人的眼睛和耳朵不會放過對自己有利的事情，因此，當我們希望引起一個人的注意，或者導引他朝自己設定的方向前進時，必定要懂得投其所好。

有一次，傑出的藝術家米開朗基羅應義大利佛羅倫斯市政長官的委託，將一塊巨大的大理石雕成人像。

米開朗基羅花了兩年多的時間，終於雕刻出一個英雄形象。

揭幕那天擠滿了觀看的人潮，布幕揭開的一刻，眾人都被高超的雕刻技巧折服而讚歎不已。唯獨市政長官將雕像端詳了一陣後，臉色不悅地說：「我不喜歡這尊雕像，它的鼻子太長了。」

米開朗基羅知道市政長官只是裝腔作勢，根本不懂藝術，於是馬上說：「先生，我立刻讓它改變形象，使您滿意。」

說完，他抓了一把大理石粉爬上雕像，煞有其事地在雕像的鼻子上敲來敲去，同時讓手中的大理石粉撒落下來，以示正在修改。

市政長官看了，高興地說：「太好了，你這一改，雕像好看多了！」

其實，他根本不知道，雕像還是原來的樣子，米開朗基羅只是略施小技，巧妙地保護了自己的作品而已。

有一次，英國偵探小說女作家阿嘉莎．克莉絲蒂，前去參加一個朋友的生日宴會。宴會結束準備離去時，已經是凌晨兩點了，克莉絲蒂一個人走在空蕩蕩的大街上，冷風襲來，心中不禁一陣顫慄。

突然，一道黑影閃到她的面前，一個男人閃著手裡亮晃晃的尖刀對她說：「您好，太太。我想您不願意死在這兒吧？」

「你要什麼？」克莉絲蒂很快反應過來。

「請您把耳環摘下來，太太。」

克莉絲蒂立即摘下耳環遞了過去。

「現在，我可以走了吧？」她一邊說，一邊故意用另一隻手合上外套的領子，將脖子蓋住。

強盜注意到了克莉絲蒂這個微小的動作，盯著女作家說：「請把您的項鍊也取下來，太太。」

「那不值錢，請讓我留著吧。」克莉絲蒂哀求道。

「廢話少說！快點拿來。」強盜把手中的刀在克莉絲蒂眼前晃了晃，惡狠狠地威脅著。

克莉絲蒂這才不捨地取下項鍊丟在地上。

強盜扔下耳環，撿起項鍊就逃了。

克莉絲蒂望著那人的背影笑了。她拾起了地上的耳環，自言自語道：「不識貨的蠢東西，這副耳環才真正有價值，可值四百八十英鎊呢！被拿走的項鍊只值六英鎊十先令！」

有些人喜歡在衆人面前裝模作樣、賣弄知識，展現他的權勢。若他剛好是個不能得罪的人，我們也只能順勢推舟，滿足他自大的心理。就像米開朗基羅沒有一語道破對方不懂得藝術，反而讓市政長官覺得自己很有藝術涵養，也藉此保護了自己的作品。

克莉絲蒂更不愧身爲偵探小說名家，非常了解罪犯的心理。強盜要的就是値錢的東西，表現得愈捨不得，就顯示這個東西愈有價値，因此她反過來用較不値錢的項鍊鈞強盜的胃口，才得以保住更值錢的耳環。

說話要正中下懷，做事要對症下藥，人的眼睛和耳朵不會放過對自己有利的事情，投其所好就能達成自己的目標。

當順勢把一個人推上台階可以有利於自己時，那就不用太堅持事實了，因爲對著一塊石頭講再多的話，它也不會點頭的。

說話藝術是人際潤滑劑

口才代表一個人的自信心，也代表了一個人的思想、智慧，表現出一個人的人格特質，也是人際關係的潤滑劑。

《聖經》有云：「一句話說得合宜，就如金蘋果在銀網子裡。」

絕妙的說話藝術爲人鑄造了一顆金蘋果，但是金蘋果會不會落在銀網子裡，還得看聽話的人是什麼材質。

說話的最大技巧，便在於先培養「銀網子」的聽話藝術。說話不只是說好話，還得說別人聽得進去的好話！

有一次，一位才思敏捷的牧師進行了一場非常精彩的佈道，他說：「人類是上帝所創造最完美的作品，在座的每個人都是從天而降的天使，你我都是上帝眷顧的寶貝。因此，活在這個世上，大家要肯定自我的價值，善用上帝給予的獨特恩賜，去發揮自己最大的力量。」

聽眾當中有人不服牧師的說法，他站起身來，指著自己不滿意的塌鼻子，質問牧師說：「牧師先生，如果真像你所說的，人是從天而降的完美天使，請問我的鼻子為什麼麼會這麼塌呢？」

另一位嫌自己腿短的女孩也起身表示相同的意見，她認為自己的短腿應該不是上帝完美的創造，又何來天使之說呢？

台下議論紛紛，只見牧師神態自若地回答：「上帝的創造是完美的，而你們兩人也絕對是從天而降的天使，只不過……」

隨即，他指了指那名塌鼻子的聽眾，對他說道：「你在降落到地上時，讓鼻子先著地罷了！」

接著，牧師又指一指那位嫌自己腿太短的女孩：「至於妳，雖然是用腳著地，可是卻在從天而降的過程中，忘了打開降落傘。」

英國思想家培根曾經說過：「用適當的話語和別人進行交談，遠比言詞優美、條理井然更為重要。」

口才代表一個人的自信心，也代表了一個人的思想、智慧，表現出一個人的人格特質，更是人際關係的潤滑劑，藉由三言兩語，你可以實現自我，也可以把它轉爲解決問題的工具。

再精深再博大的學問，都不如說話的藝術來得有用！

口才好，進而揚眉吐氣，你的人生是彩色的；口才不好，人微言輕，就會活得忍氣吞聲，人生只是黑白。

說話是種藝術，我們總覺得自己做得還不夠好、不夠精練、不夠傳神，但正因爲它是一門藝術，它永遠都有可以改進之處。

閃避迎面而來的攻擊

不動聲色地沉著應對，看清楚對手攻來的方向，看明白對手所持的武器，再伺機反擊。萬一不幸避之不及，最好先求保命！

批評，其實是一種進步的動力，唯有透過別人的眼睛，才能檢視出自己的盲點，然後修正錯誤，重新整裝出發。

不可諱言的是，別人的批評一定帶有主觀的意見，難免會有偏激或謾罵的言論出現，這種情形特別容易發生在高層領導者的身上。因爲，高層領導者所做的決策，影響到的人數越多，對於每一個個體的需求與照顧也越難周全，當然，所遭遇到的批評與攻訐，也比旁人更多。

那麼，當我們不可避免要遭遇批評時，我們該如何自處呢？

或許，可以聽聽美國總統傑佛遜的答案。

有一次，德國科學家巴倫前來白宮，拜訪美國總統傑佛遜時，不經意間在總統的書房裡看到一張報紙，細讀之下，發現上面的評論，全是辱罵總統的攻擊之辭。巴倫氣不過，抓起報紙憤憤地說：「你為什麼要讓這些謠言氾濫？為什麼不處罰這家報社？至少也該重罰編輯，把這個不尊重別人的傢伙丟進監獄。」

面對眼前氣得頭髮快要冒煙的巴倫，傑佛遜卻微笑著回答說：「把報紙裝到你的口袋裡，巴倫。如果有人對我們實現民主和尊重新聞自由有所懷疑的話，你可以拿出這張報紙，並告訴他們你是在哪裡見到的。」

想要終結毀謗，最好的方式就是不去辯解，讓謠言不攻自破。

身處越高層的人，所得到的掌聲與注目越多，相對的所受到的攻擊也會與日俱增，誰教你目標顯著？

正所謂「譽之所至，謗必隨之」，敵人一定會從你的弱點不斷地攻來，能否坦然處之，不正中敵人下懷，就得看你如何運用智慧去化解危機。

新聞媒體的負面評論，當然一定會帶來相當大的影響，但是並非全世界的人都相信該媒體的說法。所以，如果傑佛遜如同巴倫一般惱羞成怒，甚至利用自己的權勢對該媒體進行施壓、報復，不就反而讓人以爲他是心中有愧，被人刺中痛處，才有此舉動。

有些事越澄清越模糊，越解釋越讓人覺得可能還有所隱瞞，反而對自己不利，如此一來，麻煩揮之不去。

不如不動聲色地沉著應對，看清楚對手攻來的方向，看明白對手所持的武器，先側身避開要害，然後再伺機反擊，以子之矛攻子之盾，才能制伏敵人。

萬一不幸避之不及，最好先求保命，反正君子報仇，三年不晚嘛！

學會「轉彎」說話的技巧

打過繩結的人都知道，要是不小心打成了死結，你越是硬扯，反而纏得越緊；想要解開繩結，必須左拉右扯一步一步慢慢來。

西班牙大作家，《唐吉訶德》的作者塞萬提斯曾說：「貓兒被捧上天的時候，也會以為自己就是獅子。」

確實如此，適時讚美別人是一種高明的處世技巧，從厚黑的角度而言，被你捧上天的人即使是一頭「綿羊」，有時候爲了顧及自己的面子，也不得不強迫自己發揮「老虎」的能力來投桃報李。

就算對方對你釋出的善意不置可否，至少也會降低心中的敵意。

阿珠與阿花是公司裡有名的世仇。阿花長得漂亮，加上做人八面玲瓏，因此即使做錯了事，別人也不忍苛責，因此造成了阿花凡事粗心大意、不拘小節的習慣，覺得做錯了反正也不會怎麼樣。

偏偏阿珠最厭惡這一套，她看不慣阿花凡事馬虎、敷衍了事的態度，因此處處針對阿花，只要一逮到機會便趁機諷刺阿花一番；因為如此，雙方水火不容，還一度鬧上了經理辦公室。

有一次，阿花又不小心延誤了工作，於是受到阿珠毫不留情地嚴厲譴責。顏面盡失的阿花，忍無可忍地對另一位同事說：「麻煩你幫我轉達阿珠一聲，請她不要給臉不要臉，改改她的臭脾氣好嗎？」

同事拍著胸脯向阿花保證：「這點小事全包在我身上！」

果然，從那天之後，阿珠對阿花的態度有了一百八十度的轉變，見到阿花不只會親切地微笑，同時也不再斤斤計較阿花工作上的小毛病了，甚至還不時主動傳授幾招業務上的小技巧。

阿珠的態度大幅改變，令阿花感到受寵若驚，於是她趕緊去向那位傳話的同事道謝。阿花問道：「你真厲害，到底是怎麼對阿珠說的？」

那位同事笑著回答說：「其實，也沒說什麼，我只不過是告訴阿珠：公司裡有好多人都稱讚妳，尤其是阿花，她說妳是一個實事求是，值得好好學習的榜樣呢！」

中國有句俗話：「冤家宜解不宜結」，也有一句話說：「解鈴還需繫鈴人」，只要繫鈴人用對了方法，再複雜的結也可迎刃而解。

打過繩結的人都知道，要是不小心打成了死結，你越是硬扯，反而纏得越緊；想要解開繩結，必須左拉右扯一步一步慢慢來，光靠蠻力是沒有任何效果的。

這個道理用在人與人之間也是一樣，最需要忠告的人，通常最不願意接受忠告，與其苦心勸諫一個人，不如由衷讚美要來得有效。

不要吝於讚美別人

適度、真誠、委婉、合情合理的讚美是去病除疾的良藥，言過其實的讚美會令人生厭，效果適得其反。

古人說：「快刀割體傷易合，惡語傷人恨難消」，說明出言不遜的人只會自食苦果，只有處處與人爲善，嚴以責己、寬以待人，才會建立與人和睦相處的基礎。

現實生活中，有些人不討人喜歡，四處樹立敵人。這並不是大家故意和他們過意不去，而是他們與人相處時總自以爲是，對他人百般挑剔，隨意指責。

如果你想成爲一個被人喜歡的人，就必須學會衷心地讚美別人。

有句話說：「人性中最根本的願望，就是希望得到讚賞。」

一個笑容可掬，擅於發掘別人優點給予讚美的人，肯定會受別人的尊敬和喜愛，這種人自然身心健康，生活、工作都十分愜意。

在日常生活中或職場上適時地讚美他人，會讓彼此的信賴關係更穩固，也會激發出工作意願。譬如女性最喜歡別人讚美她漂亮，簡單不費功夫的一句話，可是女性最棒的活力來源。

當然，如果要請別人幫你做事，讚美對方更是不二法門，即使讚美到他害羞的地步，也絕對不是壞事。

在孩子的教育上，那就更不需懷疑了。以責備方式來教導孩子，是不會有太大效果，還不如費一點心思，找出可取之處來讚美他。比起做錯事被責備，小孩子絕對會比較喜歡被讚美的。

一旦被讚美，就能增加自信心，會產生被認同的安全感，會讓人產生一股動力，因此我們應該儘量針對他的優點讚美他。

對於攻擊性的態度，一般人都會很自然地產生敵對的心理，對於親切的態度，他們也會產生友善的反應。如果是以施壓的態度接觸小孩，不管你說話再怎麼有趣，他們也不會聽你的。

大人其實也和小孩一樣，當你發現職場上有人拚命工作而得到優異成果時，都應該不吝嗇地讚美他。

千萬不要等他離職時，才說他是難得的人材，或是一個優秀的業務精英什麼的，這樣不僅不能激勵他，也對公司毫無助益。

提到讚美，我們經常在婚禮的致詞上聽到，新郎都是優秀分子、前途無可限量，新娘都是才色兼備、勤勞持家的女性等等。雖然我們會把它當作是形式上的讚美致詞，但內心還是得十分高興。

不管如何，在儀式上我們已經習慣了充斥著瑰麗辭藻的讚賞，但在日常生活或職場上，我們都還不習慣讚美別人，因爲對於讚美都會直接聯想到，它是一種恭維或者巴結，因而產生抵抗感。

礙於保守的民族性，我們不像歐美人那樣會直率地道謝，讚美別人，反而很怕別人認爲自己別有居心；相對的，被讚美的人就算是事實，也會在嘴上謙虛地加以否定。讚美至少是一種友好的態度，意味著溝通的積極表現。你不妨大方地接受對方的讚美吧！若覺得懷疑，多注意就好。

積極地讚美他人吧！它可以當作加強溝通的潤滑劑。雖然有人會覺得這樣太輕浮了，但這樣才能讓地球運轉得更順暢。

在職場上也試著利用讚美的功用吧！它和獎金不同，是不需要花錢的，而且還能得到很大的效果。

讚美必須要選擇時間與場所，否則可能讓被讚美的人產生被諷刺的錯覺。別忘了，一定要採取公開的方式，暗地讚美是毫無意義的。

適度、眞誠、委婉、合情合理的讚美是去病除疾的良藥，言過其實的讚美會令人生厭，效果適得其反。

潛心去研究讚美這門學問，一定會使你的心靈充滿喜悅與幸福，讓你的工作與生活充滿陽光和希望。

千萬不要逞口舌之能

想要成為優秀的說話高手，談吐必須機智得體，在製造風趣幽默效果的時候，千萬不要冒犯他人，否則就會適得其反。

有句諺語是這樣說的：「有斧頭，砍得倒樹；有理，說得倒人。」有理能夠說服別人，大家都知道。事實上，就算無理，只要施展一些說話的小技巧，一樣可以憑口才取得勝利。

在這個有能力也要懂得表達自己的時代，想要和別人進行有效的溝通，就必須留意自己說話的技巧，用最動聽的話語，表達自己的意思，把話說到別人的心坎裡。

口才好，懂得站在對方的角度，把話說得恰到好處，就能左右逢源。相反的，若是不關心說話對象，不懂得說話的藝術，便註定處處屈居下風。

人如果不關心正和自己交談的對象的話，很難成爲一個受人歡迎的說話高手。懂得說話藝術的人，有時儘管話語說得很少，但卻能挖掘別人身上的優點，透過眞摯的讚美誘導對方開口說話。

他們和別人交談的時候，態度非常眞實熱忱，而且善解人意，因此，在他們面前，即使是個性害羞內向的人，也能輕鬆自入地侃侃而談。

他們解除了別人的心防，讓他們不再有所疑慮，使得他們能夠敞開心胸暢所欲言。大多數的人們都認爲，他們是一個風趣幽默的談話大師，因爲他們能夠挖掘別人身上最優秀的內涵。

倘若你想成爲一個四處受人歡迎的人，那麼，你就必須先旁敲側擊了解與你交談的對象，然後用他們最感興趣的議題來引導他們加入話局。

因爲，如果你的議題不能令談話對象產生興趣，那麼，你試圖拉近彼此心理距離的努力，將會徒勞無功。

有些人能夠準確地挖掘別人身上的優點，有些人則恰好相反，總是觸及別人隱隱作痛的傷口。

善於發現別人優點的人之所以受歡迎，就在於他們會使別人忘掉不愉快的事情，而且懂得喚起別人身上所具有的特殊優點。

想要成爲優秀的說話高手，談吐必須機智得體，在製造風趣幽默效果的時候，千萬不要冒犯他人，否則就會適得其反。

如果你想令別人感到自己的談吐詼諧幽默，除了鍛鍊自己的說話技巧之外，必須留意的是，千萬不能逞口舌之能戳傷別人的痛處，或者是嘲諷別人。

不好意思拒絕，會讓你更後悔

要在心裡默默地想著：雖然要維持別人對自己的好感，但就算喪失了，也不是什麼大不了的事！

拿破崙曾經說過一番膾炙人口的話：「要暗殺一個人，可以有各種不同的方式，用手槍、刀劍、毒藥，或者是道德上的暗殺。這些方式的結果都是相同的，只是最後一種更為殘酷。」

最常見的道德暗殺就是惡意的批評，以及背後說人壞話。

許多人在和討厭自己的人相處時，常常會患得患失地檢討自己可能哪裡做得不周到而讓對方如此討厭自己。如果被對方批評或聽到別人說自己的壞話時，就會感到沮喪，漸漸地喪失自信。

有一種人會把所有做錯事的責任都歸咎於他人，自己卻一副事不關己、充滿正義感或被害者的姿態，這就是無能者的特徵。

但是，當這種人稍微露出囂張的姿態來責備你的時候，你可能反而會不自覺地說：「對不起！」「我錯了，請原諒我！」

很多人都會不自覺地向自己討厭的人或是眞正做錯事的人道歉，日子一久，漸漸地，你會發現到自己的不愉悅，這時你便會開始逃避自己應該負起的責任。

此時，如果不立刻反擊對方或故意忽視對方存在，沒自我主張的話，那你的精神和健康狀態就會越來越差。

所謂的自我主張能力，就是將恐懼、不安、僞裝……等等的負面情緒及行爲釋放的一種作用。

和討厭的人相處，沒有自我主張的人就會產生不安感與緊張感，進而戕害自己的人格，這是一件不公平的事。

自我主張並不代表是幼稚、草率的表現，努力研究如何不和對方發生衝突的人，才是一個成熟的人。

那麼，要怎樣才能當下明確地說出：「要」或「不要」呢？

其實，只要了解什麼是對自己來說是最重要的就夠了。也就是去區別，什麼是被批評也無所謂的事情，而什麼是被批評時不能悶不吭聲的事情。

不要時時刻刻被所謂的「不能讓別人認爲自己不好，身爲紳士或淑女是不能動怒的」這種想法牽絆。要在心裡默默地想著：雖然要維持別人對自己的好感，但就算喪失了，也不是什麼大不了的事！

就像現實生活中，有人因爲錯過了將「我愛你」說出口而後悔一生，也有人因爲無法說出「不」，而持續了並非本意的婚姻。

其實，這又何必呢？只要當下你做了傳達本意的動作，即使結果仍不是你想要的，至少你不會再後悔了。

適度的卑微，也是一種成功的手段

溝通的模式有千百種，唯有靈活運用智慧，看準時機，善用方法，才能胸有成竹地完成任務。

挺拔的大樹和柔韌的小草比較起來，的確是大樹威嚴強勢多了，但一旦颶風襲來，大樹卻往往難逃摧折的命運，反倒是那些看來柔弱不堪的小草，順風匍匐、搖曳，得以保全了自己。

其實，人生也是如此，強者不一定每次都能夠順利成功，硬碰硬的結果，很可能是兩敗俱亡，對誰都沒好處。

適度的卑微，在必要的時候，其實也可以是一種成功的手段。

愛因斯坦以提出相對論的理論而名聲大噪，但生活仍一如平日般樸實的他最討厭出風頭，面對接連不斷的作家採訪或畫家繪像的要求，他一概予以拒絕。

但是有一次，他卻改變了態度。

那一天，一位畫家前來請求為他繪製畫像。愛因斯坦照例以一貫的態度快速地回絕道：「不，不，我沒有時間。」

「但是……不瞞您說，我實在非常需要畫這幅畫所得的錢啊。」畫家表情懇切地拜託愛因斯坦說。

「喔，那就是另外一回事了，」愛因斯坦見狀，改變了態度：「我現在就可以坐下來讓您畫像。」

愛因斯坦是一位極重原則與個人隱私的學者與科學家，他生性淡泊、不喜熱鬧、討厭記者，以及絕不多話的特色，幾乎和他對於科學的執著鑽研態度齊名。但是，這名畫家卻能突破他的心防，使得愛因斯坦改變初衷，坐下來讓他爲他畫肖像——原本他極爲厭惡的事。

因爲，這位畫家掌握了愛因斯坦心地仁慈的一面，說話之時善用了自己弱者的形象，於是輕鬆地達到目的。

每個人自然而然地會對比自己弱小的對象放下心防，或許伸出援手，或許緩下毒手，因爲狠不下心。因爲，有弱者的存在，才能突顯強者。

這個世界不可能人人永遠都當強者，所以，有時候示弱並不算丟臉，而是一種高明的心理戰術。

吹捧有兩種方式，一種是哄抬別人，一種是壓低自己的姿態，後者就是善用弱者的形象，是爲了達到目的的手段。

這個例子說明了，溝通的模式有千百種，唯有靈活運用智慧，看準時機，善用方法，才能胸有成竹地完成任務。

建立人際關係，從「聽話」做起

聚精會神地聆聽博學多聞的人談話，不僅能增進自己的人際關係，獲得志同道合的朋友，也可以從中萃取豐富自己人生所需的養分。

波斯作家薩迪曾說：「口中的舌頭是什麼？它是智慧寶箱的鑰匙，只要不打開，誰都不知道裡面裝的是珠寶還是雜貨。」

言語對於大部分普通人來說，是用來交流思想的，但是，對某些聰明人來說，則是用來掩蓋思想的。

交談的藝術，不只是讓人聆聽的藝術，也是聆聽別人說話的藝術，因此，在交談當中，一個人獨佔全部的話題，是一種無禮且不合情理的錯誤。

千萬要記著，大自然賦予人一條舌頭和兩個耳朵，爲的是讓人聽到的話兩倍於說出的話，如此才可能增長自己的智慧和人際關係。

在現實生活中，有許多人不僅不懂得說話，也不懂得「聽話」。現代人的生活步調太過匆忙，大都缺乏耐心去聽別人談話，有時根本就不尊重正在與我們交談的人。

和別人交談的時候，我們往往表現得心不在焉，極不耐煩地左顧右盼，或者玩弄雙手和身邊的物品，或者不禮貌地打斷別人的談話。

總之，我們老是恨不得趕快結束這次談話，趕往下一個目的地，和另一個對象進行相同的會話。

這種現象正代表著，我們懷著急功近利的心態，生活在焦躁不安之中，不曾爲自己和別人留下深入交流的時間，生活的壓力推促著我們盲目地前進，在熙來攘往的人潮中推推擠擠，想擠出一條康莊大道，以便朝著夢想中的名利權勢奔去。

因爲欲求不滿足而滋生焦躁不安，是現代人最顯著的特徵之一。

除了追逐權勢、名位、財富之外，其餘的事物都不會令我們產生興趣，反而讓我們感到厭煩。

很多時候，我們和別人交往，並不是以建立彌足珍貴的情誼爲基礎，而是以功利的角度來衡量他們對自己的價值，評估他們能爲自己帶來多少助力，能否幫助我們達成自己的目的。

生活的緊張、繁忙與庸碌，使我們認爲自己沒有多餘時間去培養待人接物應有的優雅禮儀，也沒有時間吸收別人的優點，增強自己的內涵與學識。

殊不知，這種膚淺的想法與行爲，久而久之，就會使我們成了言語無味、功利市儈的世俗庸人，缺乏吸引別人接近的魅力。

其實，聚精會神地聆聽博學多聞的人談話，不僅能增進自己的人際關係，獲得志同道合的朋友，也可以從中萃取豐富自己人生所需的養分。

如果，你渴望建立一流的人際關係，讓自己獲得更多友誼和助力，首先，你必須從專心聆聽別人說話做起，以虛懷若谷的態度尊重別人的言談。

談判前的準備功夫很重要

談判前要清楚知道各自的利益和共同利益有哪些，談判的最終目標是什麼，自己可以在哪些地方做出讓步等等。

談判，是領者導重要的社交內容和社交方式，在企業與企業、單位與單位之間，無論是生產經營或是貿易往來，談判都是日常工作中最重要的社交活動。

提及談判，春秋戰國時的縱橫家，正是最早的外交家和談判高手。其中最著名的談判大家，首推藺相如完璧歸趙的故事，他以機智拯救了一個國家的命運，也靠一場舌戰保全了價值連城的國寶，從中我們見識到談判的重要性。那麼談判的基本觀念技巧有哪些，又該做好哪些準備呢？

身爲一名領導人物，談判是經常必須親自參與的重要工作，一般來說，談判的前置作業，多半交給屬下去執行，負責收集資料與證據……等等，至於領導者，則會把重心放在運籌計劃上。雖然領導者是以籌劃爲重，然而能否談判成功，事前的準備絕不能輕忽，沒有人會想打無準備的仗，因爲大家很清楚知道，萬全的準備絕對是成功的基礎。

1. 談判目的要明確

談判前要清楚知道各自的利益和共同利益有哪些，談判的最終目標是什麼，在什麼問題上可能會遇到麻煩，自己可以在哪些地方做出讓步等等。

通常我們習慣把目標分爲三個階段：

第一，必須確保的目標，在任何情況下都不能讓步。

第二，力爭達成的目標，只有在萬不得已的時候才能考慮放棄。

第三，留有餘地的目標，這可以根據談判的進展和情形來修正，要盡全力爭取，但必要的時候仍然要能捨。

2.做到知己知彼

與談判有關的訊息，要儘量收集並加以研究，以便談判的時候應對自如，對情況瞭如指掌。資料準備得越充分、越全面，我們就越能避免對方的牽制和誤導，使自己立於主動與不敗。

如果，沒有實事求是地瞭解與估計談判對手的實力，我們便容易輕敵或怯場，導致自己無法到預期的目標，甚至造成全盤皆輸的後果。所以，要設法瞭解對手的處境和眞正目的，瞭解對方談判者的優點和弱點，正確地評估談判雙方的實力和處境，才能輕鬆應對。

3.瞭解有關法規和政策

事先要瞭解時事進展、政策的調整變化、法規相關條文……等等，這些我們不僅要熟知，更要能融會貫通，如此才能隨時找到自己需要的依據，輕鬆擊中對方的要害和漏洞。

4.談判的策略和人員配備

領導者除了要針對不同的主題和談判對手，研究不同的對策，也要根據談判的重要性、內容及難度，選定談判的相有人員。

5.檢查談判工作的準備

多次召開會議，反覆討論，並進行全方位的準備，以確保萬無一失，最重要的是，在反覆討論預演中，還要能發現問題，及時加以補救，減少犯錯的機會。

此外，談判是一種比較正規、嚴肅的社交活動，它既有一定的一般禮儀要求，也有特殊的禮儀內容。

1.必須遵守時間

這是最基本的談判要求和準則，無論談判對你有利還是無利，一旦決定和對方談判，都必須守時。參加談判，首先要弄清楚活動時間，並按照預先的通知，依雙方商定的時間、地點準時出現，不必刻意早到，但絕不能遲到。

2.表達禮儀

在談判場合與人打招呼，一般都會採用非語言形式來表達問候之意，因爲用言語的方式，較容易引起對方的猜疑，另一方面，自己也會有許多不便之處。

所以，一般問候致意時，距離不必離得過遠，雖然大家都不出聲，但鞠個躬或作個揖，彼此明白即可。

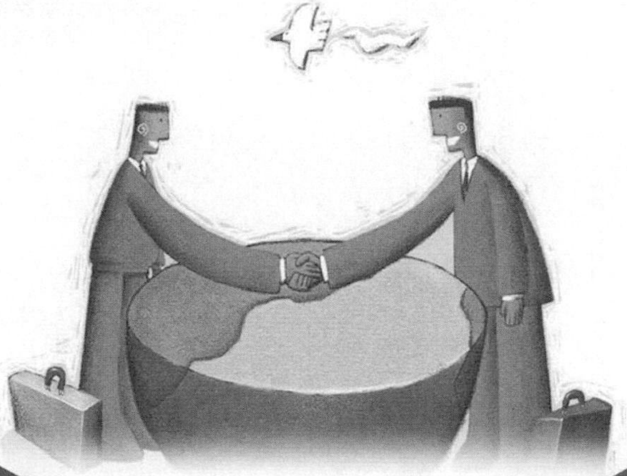

06

改變說話方式，就能創造優勢

給別人充分的選擇空間，

能讓人感覺受到無比的尊重，

無形中也能獲得對方的充分信任，

進而爭取到更大的利益，不聲不響就奪得先機。

懂得察言觀色，就不必巧言令色

善於利用語言，並不是代表做人就要巧言令色，而是要提高與人和諧相處、完善溝通的能力。

「說話」是人與人之間溝通的重要媒介，也最能直接表達一個人的內心想法。因此，如何將話說得恰到好處，有禮貌且貼切地運用詞彙，配合聲調的傳送，就成爲一種學問。

日常生活中，我們常常不自覺使用了不當的言詞。選擇言詞是一件非常重要的事，用得不美、用得不雅，用得不恰當，就無法打動別人的內心，最後蒙受損害的也是自己。

所謂「良言一句三冬暖，惡語出口六月寒」，說好話有如口吐蓮花，聞者清香見者舒暢，這樣的話才能說到別人的心窩裡。

英國維多利亞女王在位近六十年期間，是大英帝國繁榮鼎盛時期。這位才能出眾，頗有領導力的女王嫁給了她的表哥薩克斯·科巴格·戈薩公爵的兒子阿爾巴特。阿爾巴特原本對政治不感興趣，但是在女王的潛移默化之下，特也逐漸關心起國事來，最終成了女王的得力助手。

有一次，兩個人為了一件小事起衝突，阿爾巴特一氣之下就跑回房間，緊閉房門不肯出來。過了一會兒，女王前去敲門。

「誰？」阿爾巴特在房間裡發問。

「英國女王。」

回答完後，再也沒有任何回應，屋裡一片寂靜無聲，房門也沒有打開。維多利亞又敲了幾次，仍然沒有回應。這時候，維多利亞似乎感覺到什麼，又輕輕地在門上叩了幾下。

「誰？」房裡總算又傳出一聲回應。

「是您的妻子，維多利亞。」維多利亞女王溫柔地說。

這時，門開了。

普魯士國王腓特烈二世有一天去視察柏林監獄。才剛踏入監獄，一群激動的犯人們紛紛跪在他面前，申訴自己的冤枉，又不斷表明自己是如何清白無辜。只有一個人默不作聲，靜靜地站在一邊。看見他不同於其他人的反應，腓特烈好奇地問他是為了什麼原因到這裡來。

「犯了武裝搶劫罪，陛下。」

「你認罪嗎？」

「認罪，陛下，我是罪有應得。」

聽完回答，國王向獄警招了招手說：「你過來，立即釋放這個罪犯，我不想讓他留在這裡玷污了這些清白無辜的人。」

人的類型有千百萬種，在這麼多不同型態的人裡，大致可以粗分爲「感情型」和

「理論型」兩大類。

面對感情型的人，用強硬的態度相待不如訴之以情，內心敏感的他們反而容易受到感動。因爲溫柔的話語比任何權勢逼迫都還要有效，一句「您的妻子」比「英國女王」更容易召回一顆心。

與「感情型」相較，「理論型」的人就較難動之以情。不過，只要他們認爲合理的事情，大多會表示同意，例如第二個故事中的腓特烈二世。會關進監獄的人，必定犯下某些過錯，口口聲聲說自己是冤枉的、清白的，難以讓人信服，所以倒不如勇於認錯，反而讓人覺得尚有可取之處。

善於利用語言，並不是代表做人就要巧言令色，而是要提高與人和諧相處、完善溝通的能力。適當的說話方式，必定能大大提高人際關係。

從對方的角度尋找出路

凡事動一動腦，便能很快找到出路，不要老用直線思考。想解決問題，要多用智慧想方法，還要多從別人的角度尋找出路。

想要表達自己的想法，最好使用幽默的方法。幽默是最強大的征服力量，既可以讓對方卸下原有的心防，也可以緩和潤原本僵持對立的氣氛。

有位校長為學生們最近的一個行為感到困擾，該校的女學生都很愛漂亮，很喜歡在洗手間補妝，特別是對著鏡子擦口紅！

如果只是簡單地照照臉倒還好，讓人搞不懂的是，她們一個個都很愛在擦完口紅後，再將唇印留在鏡子上。

校長和教務長討論這件事時說：「得想個法子解決！」

校長想了一天，終於想出了一個妙計。

第二天，校長叫所有女學生到洗手間集合，當場請清潔工人示範一次清潔工作，好讓女孩們明白這些口紅印有多難清理。

只見清潔工拿起一把短毛刷子，將刷子就近在馬桶裡沾了水後，便走到鏡子面前，開始用力地刷洗鏡子，刷了很久才將油油的唇印弄乾淨。

從那天起，再也沒有人把唇印留在鏡子上了。

多聰明的校長，遇到難題並沒有大聲斥責，只用一個小動作便把麻煩解決，從中也讓我們明白，一味說大道理或用強制的方法，常常難以服眾，不如想個簡單又有趣的方法來處理問題。

凡事動一動腦，便能很快找到出路，不要老用直線思考。約束、強制只會讓人不悅，有些時候還會產生反效果，與其強勢要求，何妨想個聰明的方法，不是更能讓事情輕鬆解決？

當別人有求於我們的時候，不要只想著與人爭論道理、是非，更不要惡言拒絕，冷靜幽默地想個好方法來面對，反而更能免除後患和不必要的麻煩。

有個男子在一家銀行的門口擺攤賣玉米，由於玉米非常新鮮好吃，不只累積了不少老顧客，更累積了一筆可觀的財富。

有個老朋友聽到這消息後，特地前來找他，一見面便對玉米伯說：「我想向你借一點錢做生意。」

玉米伯聽了，滿臉歉意地說：「對不起，這件事恐怕我不能答應。因為，當年我在這裡擺攤，便已經跟這間銀行訂下了合約，我們互相答應對方，絕不搞商業競爭。換句話說，這間銀行不能賣玉米，我也絕對不能有貸款業務的行為，你想想，我豈能不守信用呢？」

或許有人要問，銀行與玉米伯眞的簽約了嗎？

其實，有沒有簽約並不重要，但是，這個繞了一圈的解釋，倒也讓人清楚他的拒絕意思，也同時顧及了老朋友的情誼。

少了直接拒絕的難堪，又留了退路，讓對方知難而退，不只仍然能維持了兩個人的情感，也能讓老朋友不再糾纏。這個情況與校長的用意相同，試想若是強勢拒絕或制止，必然會引發不滿的情緒，也不免引起反彈，若再處理不當，反而更添不必要的麻煩。

想解決問題，要多用智慧想方法，還要多從別人的角度尋找出路。一如這兩則小故事的主角一般，看似守護自己的立場，其實也都透露出對學生與朋友的尊重，校長不直指女孩們的錯，玉米伯不否定朋友的貪婪怠惰，卻都能告知問題的要點，也讓他們明白「自重人重」的道理，不是嗎？

用幽默化解自己的窘迫

當你發送了一顆微笑因子，傳達至每個人的心裡，你會發現，只要還能笑得出來，事情根本沒有那麼嚴重。

無論發生任何困難，引人發笑的談吐和言行永遠是最有效的解藥，套句政治人物常用的話：「有這麼嚴重嗎？」

是的，凡事都沒有你想像中那麼嚴重；只要還懂得笑，還可以保持一分喜樂的心情，再怎麼嚴重的大事，都可以變得雲淡風輕。

當年雷根總統執政時，有一次在白宮舉行鋼琴演奏會招待來賓。

正當雷根總統在致辭時，總統夫人南西一個不小心，連人帶椅子由舞台上跌到台下。全場來賓都站起來驚呼，有的人顧著看熱鬧，有的人急著上前關切總統夫人的傷勢。

還好，地上鋪了一層厚厚的地毯，南西以優雅的舉止掩飾自己的疼痛，立刻靈活地站起來，重新回到舞台上去。

觀眾又疼惜又佩服，以熱烈的掌聲為她打氣。中斷了演講的雷根總統，確定夫人沒有受傷後，清了清喉嚨說：「親愛的！我不是交代過妳，只有在觀眾忘了給我掌聲時，妳才需要做這種高難度的表演嗎？」

台下掌聲如雷，雷根總統成功地把夫人「不小心的意外」美化成「娛樂觀眾的表演」，大家對雷根總統的幽默留下深刻的印象。

又有一次，加拿大總統杜魯道邀請雷根總統到加拿大訪問。

正當雷根總統在多倫多的一處廣場上演講時，遠處有一群示威遊行的民眾，不時高呼著反美口號，罵聲隆隆，噪音震天，使得雷根總統的演說無法繼續下去。這種場面讓杜魯道總統十分尷尬，貴賓遠道而來，「歡迎」他的竟然是這種場面；杜魯道總統恨不得能馬上挖個地洞鑽，頻頻向雷根總統表示無限的歉意。

沒想到雷根總統卻說：「這種情況在美國比比皆是，屢見不鮮。這群人一定是從白宮前面一路隨我來到這裡的，他們是想讓我有賓至如歸的感覺，覺得來到這裡就像是回到家裡一樣。」

這麼一句話，輕鬆地化解了杜魯道總統的尷尬。

雷根總統用幽默來化解危機，那你呢？

我們沒有古今名人的聰明機智，也沒有政治人物的無礙辯才，但是我們有嘴巴，也有表情。即使沒有妙語如珠的臨場反應，我們仍可以用微笑來表示我們的不介意，甚至哈哈大笑來取代場面的尷尬；就算你自認口才不好，笑一笑你總該會吧！

人與人之間什麼都很容易擴散，當你發送了一顆微笑因子，沒蓋你，這顆微笑因子馬上就會散佈到空氣中，傳達至每個人的心裡。你會發現，只要還能笑得出來，事情根本沒有那麼嚴重。

輕鬆自在地表現自己

其實你的自我意識不需要太強烈，應該坦率而自然地表現出自己想法。別人並沒有你想像的那樣注意你，不妨自在輕鬆地表現自己吧。

在注重自我行銷的商業社會裡，說話已經成爲專門藝術，只要增強說話能力，就能無往不利。

培養自己的說話能力，其實就從小技巧的訓練開始，只要願意開始，你就可以讓自己的言談技巧展現力量。

很多人不習慣在衆人面前說話，尤其是害羞、內向的人更容易發窘，一緊張起來，就開始心跳加速、冷汗直流、雙腿發軟、天旋地轉……先前準備好的說詞可能早已忘得一乾二淨，說起話來不知所云，視線也完全不敢投向前方。

遇到這種情況，你可能覺得自己完蛋了……

可是，當你恢復意識後，有時卻會發現狀況與自己想像的迥然不同。你或許會看到有人露出微笑，甚至坐在隔壁的上司還稱讚你說得很好，大家都紛紛誇你態度穩重，說話也有重點。

這一定會讓你大吃一驚吧！怎麼會完全出乎自己意料之外呢？

這種情況，其實常發生。原因在於，你可能非常重視這件事，但別人根本覺得沒什麼，所以一發生差錯，你會覺得事態嚴重，別人卻不這麼想。

這是因為，人通常只注意到自己，對攸關自己的事情非常重視、在意，對別人的事就沒太大感覺。

人際關係上也常常如此，或許你會覺得：「對他說話，還是客氣一點比較有禮貌。」但是，對方心裡卻可能這麼想：「這人說話好虛偽，真不知道他到底在想什麼。」

所以，你的自我意識不需要太強烈，應該坦率而自然地表現出自己想法。別人並沒有你想像的那樣注意你，不妨自在輕鬆地表現自己吧。

過去，大家會認爲謙虛就是一種美德，不過，這一套在現代早已不適用了！我們常常會說：「我沒辦法勝任這件事」、「比我有能力的還大有人在」，其實大多時候，內心都是在想：「我優秀得很呢！」以爲自己這樣很謙虛。

不過，換成是你，聽到這樣的話，應該不會對對方有好印象吧！你可能覺得對方很不積極而已。所以，倒不如再多表現出自己，如果遇到了能力不及的事，就要採取積極努力的態度，這是比較重要的。

要注意的是，可別太高估或吹噓自己的能力，這是許多人常犯的毛病，往往爲了抬高自己的身價，大拍胸脯保證或是誇下海口。不要忘了，虛張聲勢的話會馬上被看穿的！

當別人對你有好印象的時候，其實是你的能力和言語一致，而且具有說服力的時候，也就是對方能明確地評估你的時候。

所以，坦誠地表現自己，就能給與對方好印象。

還有，我們大都無法同時處理很多工作，因此當上司突然交代某些新工作給你時，你就必須就手頭上的工作進行取捨，然而，關於那些想要拒絕的話語，你應該是很難說出口吧！

那麼，當你非得接受超越自己能力以上的工作時，該怎麼辦呢？

與其事後才懊惱不已，不妨一開始就婉轉地向上司說明自己的工作狀況，這才是聰明的做法。你可以委婉地說明：「老實說，從我現在的能力和工作量來看，我想，要完成這項任務是很困難的，可是我願意盡力試試看。不過，若途中需要協助的話，必須麻煩您找人支援。」

這樣一來，你積極的態度就會被讚許，而且大家也會很樂意協助你。就算途中接受了支援，你也不會有難堪或受傷的感覺。

不管是工作或人際關係上，你想要有怎樣的結果呈現，都全憑自己，關鍵點就在於樂觀進取，把話說得恰到好處，不要給人負面的印象！

成為傾聽高手的不二法門

不能成為傾聽高手絕對是有百害而無一利的，靜下心來想一想，你是否懂得認真聆聽別人説話呢？

不論做任何事，想要得到美好的成果，集中注意力是必備條件，這個原則可以應用在商業、藝術、運動……等各方面上。

交談之時的傾聽方式也是一樣，集中注意力是很重要的。

傾聽高手是會認同別人存在的人、激發出別人潛在能力的人，而且讓別人內心溫暖的人。每個人都衷心盼望自己身邊能有這種傾聽高手，因此，如果你能成爲傾聽高手，就代表你成爲他人所歡迎的人，不但人際關係會變得很好，能得到各種有益情報、得到別人的協助，發生困難時也能得到必要的支援，好處多多。

一般人大都比較想培養說話能力，但其實傾聽能力才是更重要的，因爲不管在工作或人際關係上，最基本的東西就是溝通，而溝通又是由傾聽這種行爲來達成的；傾聽能力越高，溝通也會越順暢，人際關係也一定會變好。

成爲傾聽高手能帶來一些具體好處，像是受人喜愛、能順利地進行工作、不會錯過任何有利的情報、成爲說服高手及說話高手……等等，這些都是有連帶關係的。

雖然每個人的好惡都很主觀，情況也因人而異，但同樣一個人，爲什麼有人喜歡他，有人卻討厭他嗎？

關鍵點就在交談時的表情與態度。

怎樣的表情與態度才會受到別人喜愛呢？

除了笑容、尊重對方的反應、思考自己在對方心中的印象之外，要養成受人喜愛的傾聽方式，還有一些值得注意的地方：

1. 注意不要有瞧不起對方的態度與言語。

我們都討厭別人瞧不起自己，使自尊心受到傷害，所以言談之際，也不能使別人有這種不愉快的感覺。

2.尊重對方的立場。

每個人都會先想到和自己有密切關連的事，希望對方多少考量到自己，因此交談之時要尊重對方的立場。

3.要有恰到好處的附和。

附和應該是發自內心的感覺，不要讓人有矯揉做作的嫌惡感。

4.一邊筆記一邊傾聽，對方就會對你萌生好感。

因爲，對方會覺得自己受到重視，心情當然就愉快了。

5.不要逼問，而要詢問。

詢問是要確認對方說的事，關於不清楚的事情，希望對方在能力範圍內能告訴自己，但一旦用逼問的方式，就會讓對方惱火而不愉快。

6.懂得稱讚他人，取悅對方。

人和人說話會心情變得愉快，往往是在對方對自己有不錯評價的時候，因此，該稱讚的時候不需要猶豫，想到時就可馬上脫口而出。

7.引用對方的話。

對對方的話迅速地反應，在對話中引用他的話來說，是聰明的做法，尤其是表現對方心情或情緒的話，就會更有效果。

8.醞釀出悠閒的氣氛。

一般人交談之時，最討厭無法定下心來說話的感覺了，因爲會有對方沒有確實消化自己話語的空虛感。

說話的一方如果覺得聽者並沒有認同自己的存在，又怎能對這種人有好感呢？因此製造出悠閒的氣氛是一定要的！

9.不使用讓說話者失去意願的言語。

只要聽到否定的言語、明顯沒有認眞聆聽的言語、懷疑的言語、催促談話的言語，說話的人會馬上失去繼續說話的意願，使得交談氣氛整個冷淡下來。

就說話藝術而言，不能成爲傾聽高手絕對是有百害而無一利的，靜下心來想一想，你是否懂得認眞聆聽別人說話呢？

如何和「八字不合」的人談話

當你變得客觀，就能仔細觀察對方，就能掌握住你討厭對方言行舉止的哪一部分，或是對方哪裡還不錯。

每個人都有自己討厭的人，一般人總會儘量不去和自己討厭的人見面，即使見了面也避免和他說話，可是在工作或日常生活中，這種模式是於事無補的。

因爲，不管你喜不喜歡，有時候你都必須和他來往。

不過，一旦討厭的人出現在眼前，一般人通常會壓抑住情緒，但嫌惡的觀感卻會表現在表情、態度或言語上。對方必然會有所察覺，也開始認爲你是個討人厭的人，這樣一來彼此只會越來越疏遠而已。

那麼，當討厭的人出現在你眼前時，你該怎麼表現才好呢？

情緒很難用理性加以改變，勉強去喜歡自己討厭的東西，一般人似乎辦不到。所以，當你覺得討厭對方時，你就乾脆坦然接受這一點，然後心裡這樣想：「我雖然很討厭他，但因爲這是工作、是交際，所以就看開點吧！」

這樣的話，過去對對方那種過於情緒化的想法，此時就會加入理性的元素，也就比較能冷靜且客觀地看待事物了。

當你變得客觀，就能仔細觀察對方，就能掌握住你討厭對方言行舉止的哪一部分，或是對方哪裡還不錯。

也許過去你看對方，只看到他討厭的部分，並認爲那就等於全部的他，但這時候，你也有可能會重新發現他也有某些優點。

當你掌握住對方的優點之後，應該化爲言語傳達給對方，適時地加以稱讚他。稱讚是不需要猶豫的，不會因爲你稱讚了他，就會對你產生負面的影響。

倘使你在討厭的對象中找出若干優點，並能給予正面的評價，別人也會讚揚你的寬容之心。被稱讚的對方，心情跟著開心起來，也許過去表現出討人厭的部分，就會慢慢消失了呢！

當你和對方的人際關係進展到某個程度時，你就可以用柔和的表情與口氣，試著說出對方令人討厭的地方。這樣一來，對方便不會馬上勃然大怒，反而能了解自己的缺點，把它當作一個反省的好機會。

這些方式會讓你和「八字不合」的人，也能夠如魚得水地談話！

此外，有許多保守的人，總是不習慣面對人數眾多的宴會或是交際場合，沒辦法和每個人自在地聊天。所以，每當進入會場，總是會不自覺地張望，看有沒有認識的人，一找到認識的人，便賴在他們身邊，完全不和陌生人談話了。

然而，這種場合通常就是要和平時無法談話的人交流，只和認識的人聊天未免太可惜了。如果你有很多機會參加這種場合，你該怎麼做比較恰當呢？

其實很簡單，首先就是一一向人打招呼，這樣可讓初次見面的人感到安心，也會讓他們留下好印象。

你可以看著對方的眼睛，一邊介紹自己，一邊以雙手遞上名片。

當你拿到對方交換的名片後，不要馬上收起來，應該望著對方的臉，將對方的名字與長相刻劃在腦海裡。此時，你也可以唸出對方的名字加以確認，如果你的態度慎重，對方就會對你印象深刻。

確認名字後，你可告訴對方自己的身分及工作內容，接下來則適度詢問對方，關心對方的事。不過，不要問太深入的事，應該以對方的意願為準，因為，在這種社交場合，只要和對方有某個程度的交流即可。

當對方對你留下好印象時，你就可以轉移目標，告知對方希望下次還有機會見面，然後和其他人交談。

不要老是和一個人說話，而要儘量和更多人聊天。

這種場合因為有時間的限制，無法深入地聊天，所以讓對方留下好印象、製造下次聯絡的機會是很重要的。

改變說話方式，就能創造優勢

給別人充分的選擇空間，能讓人感覺受到無比的尊重，無形中也能獲得對方的充分信任，進而爭取到更大的利益，不聲不響就奪得先機。

話人人會說，但是要把話說得漂亮又能打動人心，就不是每個人都做得到的了。

其實，說話的技巧並不是難如登天、遙不可及，有時只要切入焦點和語氣態度稍稍改變，就能夠得到不同的結果，這就是雙贏的溝通。

街上有兩家賣粥的小店，左邊這家和右邊那家每天光顧的顧客人數其實相差不多，但是，每天晚上結算盈收的時候，左邊這家店總是比右邊那家店多出百來元，而且幾乎天天如此。

有人感到好奇，兩家小店的手藝差不多，所用的材料也大同小異，為什麼在收入上會有這樣的差異發生？

仔細觀察兩家小店做生意的方法，終於發現癥結所在。右邊的粥店，當客人上門，店員便微笑著歡迎，為客人盛好一碗粥，同時問道：「加不加雞蛋？」如果客人說加，她就加了一個雞蛋。

進來的顧客，有說加的，也有說不加的，大概各佔一半左右。

反觀左邊的小店，店員同樣以燦爛的笑容迎接客人，為客人盛好一碗粥。同樣也問客人一個問題，可是他們問的是：「加一個雞蛋，還是兩個雞蛋？」

每進來一個顧客，店員都問一句：「加一個雞蛋，還是加兩個雞蛋？」

結果，愛吃雞蛋的就要求加兩個，不愛吃的就說加一個。當然，也有要求不加的，但是這樣的客人很少。

於是，一天下來，左邊這家小店自然就比右邊那家多賣出很多雞蛋。

這個例子說明了，改變說話方式就能創造優勢。

大部分的人面對是非題的時候，答案不是對，就是錯，沒有中間的答案。面對選擇題時，卻往往會自然地從當中選出一個最接近自己想法的答案。

左邊的小店店員在問話時，已經先越過了詢問顧客要不要加雞蛋的決定，而運用技巧，直接認爲顧客希望加雞蛋，而將顧客的選擇重點放在數量的多寡上。只要顧客本身不討厭吃雞蛋，對餐點的價格又不斤斤計較，通常就會在兩個和一個中間選答案。

於是，不但客人感覺自己得到應有的尊重，店家也成功地減少了不加雞蛋這個答案的可能性，賣出的雞蛋數量自然超出右邊小店。

給別人充分的選擇空間，能讓人感覺受到無比的尊重，無形中也能獲得對方的充分信任，進而爭取到更大的利益，不聲不響就奪得先機。

在日益激烈的市場競爭之中，多占一分優勢，就多一分勝利的契機。

你為什麼老是把話說得亂七八糟？

人類都有被注目、希望獲得正面評價的強烈慾望，公開發表談話可以滿足這種慾望，不斷累積經驗之後，慢慢就能發現說話的樂趣了。

你對自己的說話有自信嗎？如果你覺得沒自信而沉默寡言，那麼就無從得知自己的說話能力到什麼程度。只有試著去表現自己的說話能力，才能了解對方的反應，明白語言的價值所在。

人普遍都有偷懶的念頭，如果別人不會認眞去看你或聽你，就不會去努力。比如說當主管事先要求你在會議中發言，你就會拼命地準備，思考如何表達自己的意見，但當沒有必要說話時，你就會悠悠哉哉地出席會議。

不管動機如何，努力的人與不努力的人，彼此的差距將會越來越明顯。所以當你被要求要發言時，即使有些勉強，爲了督促自己努力，也要立即接受。

很多人在社交場合被要求發表談話時，都會想辦法推託或乾脆溜掉，因爲怕自己不會說話，會帶給別人困擾。其實，這是增加對應能力的絕佳機會，而且只要努力去說，就不會說得亂七八糟，也許你還能成爲全場的注目焦點呢！

人類都有被注目、被認同、希望獲得正面評價的強烈慾望，公開發表談話可以滿足這種慾望，經過不斷累積經驗之後，你慢慢就能發現說話的樂趣了。

如果你眞的覺得說話方面比別人差，那就更要製造越多說話機會。累積經驗是相當重要的，從量化轉變爲質化的道理，同樣可以應用在說話方式上。

開會時，努力掌握自己發言的機會，一定會出現肯定及否定的反應，這些反應都是發言者自我教育的機會。

贊成聲音越多，表示自己的想法至少還適用於當時的參加者；若有人反對，試著去了解他們爲了什麼而反對，自然會燃起想要以更精闢的理論回答他們的鬥志。另外，這個時候，自己也會仔細去思考，要怎樣才能得到他們的理解？如何才能說服他們、向他們說明？

如此一來，就能加深自己的想法，找出轉機。

每個人都必須要透過說話來讓自己成長。

即使是一般的日常對話，要平時不太說話的人，突然在另一個陌生場合，或和第一次見面的人愉快地說話，幾乎是不可能的。

有人會說：「有的人天生就很會說話。」

其實，這是一種不負責任的說法，沒有人一生下來就能妙語如珠、口若懸河的。說話的技術、聆聽的技術、對應能力等，都要靠後天的努力。將藉口合理化、想辦法讓自己逃避的人，只會讓自己越來越不會說話。

藉由和很多人對話，我們自己會脫胎換骨，突飛猛進，人都是要藉由和他人邂逅、藉由說話與聆聽，來獲得成長的養分的。

別被馬屁薰昏了頭

在享受恭維的同時，可別被薰得陶陶然，飄飄欲仙而忘了自己是誰，畢竟會拍馬屁的人，都是為了某種目的而來。

即使時代變遷，世事紛迭，馬屁文化仍舊歷久不歇。

爲了達成自己的目的，說句好聽的話吹捧吹捧對方，對自己沒什麼壞處，說不定能得到更多的好處，畢竟誰都愛聽甜言蜜語。只是，當馬屁迎面而來的時候，你能夠把持住自己的立場和行事風格，不被薰昏了頭嗎？

在第二次世界大戰中，邱吉爾對於保衛英倫三島不受德軍侵犯，有卓越的功勳，也深受民眾景仰。

戰後，他退下首相之位，當時，英國國會原擬通過提案，為他塑造一尊銅像，置立於公園內，讓眾瞻仰致意。

一般人均將此視為殊榮，高興還來不及，怎麼可能推辭？但是，邱吉爾卻笑著回絕。他對國會議員們說：「多謝大家的好意，不過，我怕鳥兒喜歡在我的銅像上拉屎，還是請免了吧。」

這就是邱吉爾的幽默，在玩笑之中婉拒了一群馬屁精的提議。

本來嘛，建座塑像有什麼實質的作用呢？還不如將這些預算用在更有意義的事情上，比方設立為戰後重建基金，所能受惠的人不是更多呢？

身分地位愈高的人，被拍馬屁的機會就愈高，而且拍來的馬屁也愈高明，但是，在享受恭維的同時，可別被薰得陶陶然，飄飄欲仙而忘了自己是誰，畢竟會拍馬屁的人，都是為了某種目的而來，是不是眞心的恭維可就不得而知了。

雖然說要不要答應他們的要求，或是欠他們人情，選擇權是握在自己手上，但是對方可不會輕易地放棄呢！

要是遇到手段拙劣的馬屁精，拍得膚淺又沒拍到應拍的部位，那可就不是那麼令人愉悅的事了。

有的人馬屁被拍多了，難免會對自己的周遭產生懷疑，懷疑別人對自己的好是否都有不良意圖，疑神疑鬼之餘，反而有了許多無形的精神壓力，這又何苦來哉呢？

防範馬屁的第一守則，就是要保持情緒上的鎮定，不要人家才說了幾句好聽的話，就高興得飛上天。

如果別人虛情假意的恭維，讓自己感到不舒服，那麼就虛應一番，轉移對方的注意力，聰明的人一聽就明白，也就不會再窮追猛打。

至於少根筋的馬屁精，必要時就得嚴正地婉拒，讓對方明白自己的立場，才是釜底抽薪的最佳解決方案。

罵人，不要罵得太認真

法國思想蒙田說：「超過尋常限度的行為，都會引來惡意的解釋，因此，我們要保持冷靜的理智，避免走向任何極端。」

建安七子之一的陳琳，原在北方軍閥袁紹手下當書記官。袁紹野心勃勃，見到曹操在亂世崛起，感到對自己威脅頗大，便把矛頭對準了他。為了討伐曹操，袁紹命令陳琳寫了一篇《為袁紹檄豫州》的檄文。陳琳在檄文中慷慨陳詞，歷數曹操各種罪狀，並且痛罵了曹操的祖宗三代，檄文最後號召天下州郡共同起兵，討伐曹操。

當時，曹操常犯頭痛病。有一次，曹操頭又痛了，正好侍從送來陳琳起草討伐他的檄文，儘管曹操很討厭其中的內容，卻又為它精彩的文筆所打動，越讀越興奮，竟

某天，一名叫做荷克的慣竊犯闖入哲學家法蘭西斯．培根的家中行竊，很快就被逮捕了。依當時英國的法律，這名慣竊犯恐怕會被判處死刑。

在法院進行偵訊時，荷克對培根哀求說：「先生，看在我們關係親密的份上，請您救救我，我下次不敢再犯了！」

他的理由倒是很有趣，他把自己的名字「荷克」（hog，意為「豬」），與培根的名字（bacoh，意為「燻肉」）串連在一起，企圖拉近和培根之間的關係，希望能獲得他的同情。

但是，培根卻笑了笑說：「朋友，如果你不被吊死，我們是沒辦法成為親戚的，別忘了，豬得死了之後才能變成燻肉啊！」

這是聯想思考的趣味，這種絕妙的應答確實讓人想鼓掌叫好，培根幽默風趣的回答，想必緩和了法院裡肅殺的氣氛。

一個眞正有智慧的人，不會動不動就跟別人爆發衝突，而是會用幽默的方法表達自己的想法，讓對方有更深一層的體悟。

經常替富人和名人作畫的美國人像畫家薩金特，有一天在晚宴上遇見一位十分傾慕他的女子。

「喔！薩金特先生，前兩天我看到了您最新完成的一幅畫，您知道嗎？我居然忍不住吻了畫上的人，只因為那人看起來太像您了。」女子嫵媚地擺動著身子，嬌聲對薩金特說。

畫家則笑著問：「是嗎？那他有回吻您嗎？」

女子一聽，瞪大著眼說：「什麼嘛？那怎麼可能！」

「這麼說，他一點兒也不像我了。」薩金特神情得意地說。

哈茲里特曾經寫道：「幽默詼諧是談話的調味品。」的確，幽默是人的情感的自然流露，可以直接讓對方卸下原有的心防，甚至可以像潤滑油一樣，緩和潤滑原本僵持對立的氣氛。

就像培根遇到小偷，又好像薩金特遇到癡女，有些人爲了攀關係，爲了更親近對方，總會想盡辦法拉攏牽線；而爲了避免沾黏上這樣的人，有些人選擇躲藏，有些人則直斥拒絕，但結果不是成效不彰便是得罪了人。

反觀，這兩則故事中的主角，爲了撇開和對方的關係，技巧地延伸轉換，讓原本看似緊密的關係，剝開層層關連後，輕易找出兩人毫無瓜葛的證明，一句「沒有回吻」，便表達了「我們是不可能」的眞實情況，另一句「豬死才能有燻肉」的幽默，更是直接點醒罪犯得坦然面對責任。

其實，現實生活中的人際溝都便要像這樣，不去惡意傷人，待人也絕不輕忽怠慢，自然能固守住我們的堅持，也能顧全我們不願傷害他人的心意。

用對方的荒謬說法駁斥對方

人與人交涉之時，若是對方提出不合理的要求時，就要誘導對方陷入自相矛盾的狀況，使他走上一條自我否定的道路。

一九一七年的某一天，俄國詩人馬雅可夫斯基上街買生活用具的途中，聽到一個女人中傷布爾什維克（前蘇聯共產黨前身）：「布爾什維克是土匪，是強盜，他們殺人，放火，搶女人……」

馬雅可夫斯基聽了火冒三丈，大聲喊道：「抓住她，她偷了我的錢！」

「你說什麼呀？」女人極力爭辯：「你搞錯了吧？」

「沒錯。」馬雅可夫斯基對圍觀的人群一本正經的說：「就是這個女人，偷了我二十五盧布。」

人們都對這個被指為竊賊的女人怒目相視，還有人對她吐口水。後來，人群漸漸散去，那女人淚流滿面的對馬雅可夫斯基說：「上帝可以作證，你瞧瞧我吧，我可是頭一次看見你呀！」

馬雅可夫斯基認真的道：「可不是嗎？妳才頭一回看見布爾什維克，怎麼就大罵起布爾什維克來了？我勸妳回家後，好好想想剛才妳說過的話吧。」

馬雅可夫斯基擊倒那個以惡毒語言中傷布爾什維克的女人，用的是「請君入甕」的歸謬法。

他先以女人「布爾什維克是土匪」的論點爲前提，然後讓她自己否認「她把我的錢袋偷走了」這個論點，她的理由是「我可是頭一次看見你」。

同樣的，她「頭一次見到布爾什維克」，又怎能說「布爾什維克是土匪」呢？有什麼根據呢？馬雅可夫斯基把她的論點推演到非常明顯的荒謬結論，證明她說話的虛假性。

又如一個大學生考上研究所後，拋棄妻子，在新的生活圈子裡找戀人。面對同學們的批評，他狡辯說：「身分地位變了嘛，對從前的伴侶失去了感覺，所以為什麼不可以再尋找眞正的愛情？」

一個同學針對他的論點「身分地位變了」提出反駁，說道：「如果一個人的身分地位變了，和從前的伴侶沒有了共同語言，從而也就失去了愛情的話，那麼，倘若你從碩士升到博士、副教授、教授的時候，不知該談多少次戀愛，尋找多少回『眞正的愛情』了。」

還有一個更有趣的荒謬故事，也是運用這種原理。

從前一個吝嗇的地主叫家裡的長工去買酒，卻不給錢。長工問：「老爺，沒有錢怎麼能買到酒呢？」

「花錢買酒誰不會？不用花錢錢就能買到酒，才算有本事呢！」臉厚心黑的地主詭辯地說道。

於是，長工拿著空瓶去一位以機智聞名的書生那裡訴苦。書生見他哭得可憐，認為這個地主小氣得太過荒唐，就給他出了個主意。

於是，長工笑嘻嘻地拿著空瓶回去，對地主說：「老爺，酒買來了，請老爺好好喝上兩盅吧！」

地主見仍是空瓶，裡頭根本沒有酒，便大發脾氣。

長工氣定神閒，笑著說：「酒瓶裡有酒誰不會喝？要是能從空瓶裡喝出酒來，那才叫有本事呢！」

書生教長工用歸謬法制伏了地主：如果他認為「從空瓶裡喝出酒來」是荒謬的，那麼也就否定了自己「沒錢能買到酒」的荒謬說法。

人與人交涉之時，若是對方提出不合理的要求時，就要誘導對方陷入自相矛盾的狀況，使他走上一條自我否定的道路。

怎樣才能讓對方在誘導下，慢慢兒走上自我否定的道路呢？這就得在改變對方荒唐論斷的表達形式時，既讓他感到推論不合情理，又不能先讓對方察覺到是自己原本的觀點，才能讓他說出反對自己的話來。

拐彎抹角有什麼不好？

以幽默的方式，不直接面對問題，而採取拐彎抹角的手段，可以消弭彼此針鋒相對的尖銳感，當然，也可以更圓滿地解決問題。

「以偏概全」是人性的一大弱點，一旦產生偏見，造成既定印象，就很難改變。所以，如果你遭到誤解，除非自己眞的一點也不在乎，否則就得好好想個方法來讓事情「眞相大白」，爲自己「洗清冤屈」了。

有位養雞場的主人，向來討厭傳教士，因為他覺得大多數傳教士嘴上講的是一套，實際做的又是一套。於是，這名養雞場主人，有事沒事就喜歡信口說說傳教士的壞話，到處散佈謠言。

一天，有兩個傳教士找上門來，向養雞場主人說想買隻雞。即使是自己討厭的傢伙，但生意上了門，總不好往外推吧！養雞場的主人於是忍著心中不快，帶著兩名傳教士來到雞場裡，讓他們自己去挑。

只見這兩名傳教士在偌大的養雞場中走來走去，挑了半天，卻抓來一隻毛掉得差不多，看起來病懨懨又相當難看的跛腳公雞。

主人心裡感到奇怪得很，不禁問他們，為什麼滿園子都是活蹦亂跳的雞，而他們偏偏挑上這隻。

其中一位傳教士聳聳肩，回答說：「我們是想把這隻雞買回去，養在修道院的院子裡，然後告訴大家，這是你的養雞場養出來的雞，順便為你做做宣傳。」

主人一聽，心中不禁著急，連忙搖手：「不行！不行！你們看這養雞場裡的雞，哪一隻不是漂漂亮亮、肥肥壯壯的？就這一隻不知道怎麼搞的，一天到晚愛打架，才會弄成這副德性。你們拿牠來宣傳，大家會以為我的雞全是這樣，那可不成！你們改挑別的雞吧！否則，這對我來說，實在太不公平了。」

另一位傳教士笑嘻嘻地說：「對呀，只是，你的行為不也是如此嗎？少數幾個傳教士行為不檢點，你就以他們為代表，一竿子打翻了一船人，對我們來說，不也是不公平嗎？」

養雞場主人這才明白自己的偏見過了頭，於是，不好意思地抓來了隻肥美強壯的大公雞，送給兩位傳教士，並答應不再胡亂說傳教士的壞話了。

傳教士「以其人之道還治其人之身」的法子奏了效，養雞場主人擔心「負面廣告」成眞，壞了自己的生意，忍不住提出抗議，而傳教士則藉此讓雞場主人對於「被誤解」一事感同身受。

像傳教士一樣，設法讓對方有機會站在自己的立場上感受一下，其實是不錯的方法，可以讓彼此冷靜地再權衡一下，看看究竟是「偏執」還是「事實如此」，相信結果會有所不同。

以幽默的方式，不直接面對問題，而採取拐彎抹角的手段，可以消弭彼此針鋒相對的尖銳感，當然，也可以更圓滿地解決問題。

說話多點技巧，生活少些煩惱

與人交流要多用幽默技巧留下轉圜空間，才能在這複雜的現實社會中，瀟灑走過每一場紛爭，也輕鬆躲過每一個危機。

高爾基曾說：「過分認真嚴肅地看待生活，生活就會枯燥乏味。」

的確，如果不懂得用幽默的方法表達自己的看法，用幽默的方法改變對方的想法，那麼生活就是由衝突、摩擦和痛苦串連而成，要是能夠用輕鬆幽默的心態面對，那麼人生就會精采豐富。

遇到棘手麻煩的人或事，你通常怎麼應付？是直接駁斥，把球用力反擊回去？還是停頓一下，然後再直擊對方要害？

有一天，賈西飼養的小毛驢被偷了，找了半天始終找不到。於是他在村裡到處放話：「快把毛驢還我！不然我就要像我父親那樣做了！」

小偷聽見後十分害怕，雖然他不知道賈西的父親到底會怎麼做，但這般恐嚇式的放話，卻讓他心驚膽跳，於是連忙向賈西認錯，並將小毛驢還給賈。

「請問，您父親大人會怎麼做？」事後，竊賊好奇地問賈西。

只見賈西笑笑地說：「很簡單啊！毛驢不見了，當然再買一頭毛驢囉！」

聽見賈西這樣的解答，是不是讓你忍不住哈哈大笑呢？那麼，你是否在笑聲中領悟了其中訣竅？

沒有一口氣將話說完，賈西硬是保留了最後一句話，先「威脅恐嚇」，因爲對方若只是泛泛小輩，這個恐嚇方法應該會達到一定的效果。

果不其然，這個偷兒眞是一個無膽小偷，不必賈西再用其他招式，便乖乖地把驢子歸還給了。

其實，人心是可測的，特別是對付那些投機取巧也滿腦子壞念頭的人，只要能試著推測出他們最害怕或是最想要的情況，自然能解除各式不必要的麻煩和危機，就像伊朗機智大師毛拉曾經遇到的情況。

有一天，伊朗王興沖沖地將自己剛完成的頌詩給毛拉看，毛拉看完後卻說：「這詩寫得不怎麼樣嘛！」

沒想到毛拉會這麼直接批評，伊朗王當場變臉，最後還惱羞成怒，下令將毛拉關進大牢，讓他餓一天一夜。

事過不久，國王又寫了一首頌詩，要毛拉發表評論，這回毛拉學乖了，一句話也沒說，只靜靜地站起來，轉身準備離開。

國王見狀，問道：「毛拉，你要到哪兒去？」

毛拉偏著頭，說：「去監獄。」

多妙的回答，伊朗王若是個聰明人，應該知道毛拉的評價吧！

帶點嘲諷的幽默回應，看似讓人尷尬，實則顧全了伊朗王的面子，更緩解兩個人再一次硬碰硬的衝突機會。

與人溝通時當然可以直言，可是坦白直言也要將話說得漂亮有技巧，否則只會爲自己帶來不必要的困擾。把話說得露骨或是直言不諱，看似忠心耿耿、無私無藏，很容易傷了人，又傷了自己！

與人交流要多用幽默技巧留下轉圜空間，話可以說得直接，但也要懂得多用技巧，我們才能在這人事複雜的現實社會中，瀟灑走過每一場紛爭，也輕鬆躲過每一個危機。

知道極限才能突破

試著了解自己，並接受自己。當你可以自在大方地笑談你的優缺點，自然能夠引起別人的共鳴，又怎麼會懷才不遇呢？

人們經常感嘆自己懷才不遇，但是，被問到長處、優點在哪裡，卻又支支吾吾，或是一問三不知。

了解別人不容易，了解自己更是高難度。當你真正看清楚自己，你才能認識自己的極限，充滿信心地衝破極限。

一九六〇年，甘迺迪競選美國總統時，是歷來最年輕的候選人，許多民眾雖然欣賞他的聰明才幹，但是不免還是有一些疑慮。

雖然他看起來穩重老成，可是年齡似乎不太具有說服力，美國歷史上從來沒有這麼年輕的人當總統。

另外，他的宗教信仰也是民眾再三考慮的焦點；甘迺迪是個天主教徒，而當時天主教徒只佔美國公民的十分之一。

甘迺迪面臨來自四面八方的壓力，他心裡清楚大家的想法，知道自己的弱點在哪裡，可是他非但不聲東擊西，用迂迴手法來逃避這些問題，反而針對大家的疑慮挑明了說，盡力把自己的缺點轉化為優點。

競選對手曾經當眾攻擊他：「要當總統，白頭髮總得要有幾根吧？」

但是，甘迺迪絲毫不覺得這是問題，他笑著回答：「頭髮白不白和當總統沒什麼關係，最重要的是，得看頭髮下面有沒有東西！」

針對自己的宗教信仰，甘迺迪自信滿滿地說：「正因為天主教徒是美國的少數，如果由天主教徒當上總統，就表示這個國家尊重少數公民。我們開國以來，一直推廣人人生而平等的精神，可以由此得到印證，以後黑人、黃種人，或是其他宗教的信徒，都有當總統的權利。」

甘迺迪的解釋一掃大家心中的疑慮，不但獲得廣大的票源支持，更凝聚少數公民的票源。團結力量大，當每一個少數族群都結合起來，便成了多數；甘迺迪因此順利當選美國總統。

甘迺迪最成功的地方，就是他知道自己有幾分能耐，透過說話的藝術坦然面對自己的優缺點，做得到的事情他當仁不讓，無法改變的弱點也毫不避諱。

他懂得把自己的長處放到最大，把自己的短處縮到最小，甚至把最讓某一部分人疑慮的地方，轉化爲讓另一部分人支持的優點。

這樣的人，當然具備成爲美國總統的資格。

在你眼中的優點，有可能成爲別人眼中的缺點；當然，你自己耿耿於懷的缺點，也有可能會成爲你最可愛的地方，重要的是，你要試著了解自己，並接受自己。當你可以自在大方地笑談本身的優缺點，自然能夠引起別人的共鳴，又怎麼會懷才不遇呢？

表現突出就會受人歡迎

不做好自己本分的事，只是一味地希望自己能夠處處受人歡迎，而一天到晚都在思考交際的方法，這麼做實在是本末倒置。

有些人本性善良，卻由於不擅將自己的心意傳達給對方，因此常常吃虧。這些人爲什麼不擅於表達心意呢？

這是因爲當他們在說話、做事的時候，常常太過在意別人的想法，最後什麼話都不敢說、什麼事都不敢做，因而被人批評是個「神秘」的人。

大家都害怕萬一做了不該做的事，別人會投以異樣眼光，因而在憂讒畏譏之下，阻礙了一個人自由的情緒表現。

「如果別人認爲我不好，那就像世界末日了。」「被別人放棄了，我一個人就沒辦法活。」會有這種想法的人，都是不擅交際的人，他們往往會無可救藥地認爲自己十分渺小、不起眼。

因此，這樣的人如果想要巧妙地透過說話的藝術和人交往，就要自己想辦法從恐懼的陰影中走出來。

方法很簡單，只要你能改變自己的想法，看清事實。你應該進行心理建設，要告訴自己：即使像耶穌基督或佛陀這樣偉大的人，也不見得能受到每個人的喜愛。

大家都希望能被人喜愛、工作有好的發展，也想要賺很多的錢，以免被人瞧不起，但要記住，不可以太過偏執，因爲我們並不是只爲了受人喜愛而活在這世界上的，而是爲了創造一些成就而活。

在工作上，最棒的事就是受人肯定了。因此，即使只有少數人喜歡你，但只要工作上表現突出，一定會有人主動接近你的。

相反的，無論你的交際手腕再怎麼好，話說得再漂亮，若工作方面表現得很差，別人就只會把你當作閒聊的對象而已。

不做好自己本分的事，只是一味地希望自己能夠處處受人歡迎，而一天到晚都在思考交際的方法，這麼做實在是本末倒置。

A先生和B先生都是業務員，但是由於和顧客交談之時，運用肢體語言的巧妙不同，業績也有明顯差別。

A先生在對方一開始說話或問問題時，都會努力去理解對方，表現出自己的誠意，而且會適時地點頭。

但在重要關頭時，他會收起笑嘻嘻的表情，以認眞的眼神凝視對方，將熱情與表情表現在肢體上，譬如時而探出身子、時而加強語氣地來讓對方更了解他的商品，然後再度恢復原來和顏悅色的樣子。

另一方面，B先生則是面無表情地說著話。他認爲不展露內心世界，對於談生意會比較有利，所以當對方在說話或問問題時，他都保持著一張撲克牌臉，而且也不會點頭表示理解對方的意思。

在該發揮說服力的時候，他一樣沒有加強語氣、也沒有探出身子，客戶不能了解他在想什麼，也懷疑他是不是眞的來賣商品的。

這兩位業務員，哪一位的業績會比較好呢？

相信不用說你也知道，答案當然是A先生。

這個例子說明了表情與反應的不同，會造成兩極化的結果。

A先生的表情與態度非常豐富，他的和藹與認眞的眼神、誠懇的態度、熱情的語調等，充滿了交談之時應有的變化，而且他會巧妙地贊同對方的話，迅速地反應，以此來打動對方的心。

所以，要給人信賴感，都必須將你的想法、行動的模式明朗化。

對於不表現出眞心的人，我們都會感到不安。

你會花錢向你感到不安的人買東西嗎？應該不會吧！

很多人買東西，其實是在買「感覺」或者是「人情」，而且通常向那種能給你信賴感的人買。沒表情、沒反應，都會帶給對方不安的感覺，很難完成交易，這一點請不要忘記喔。

別急於突顯自己

用溫柔的言詞對待你身邊的人，用心的做好你手邊的事，如此一來要讓別人都不注意到你也是很難的事。

保持洽當的應對進退，有時候也是說話辦事之時應該注意的社交禮儀。

不管在日常生活或是工作場合，千萬不要只想到突顯自己而不考慮別人，這是維持良好人際關係最重要的準則。

只要我們的行爲得體，我們就能讓別人喜歡我們。

有的人擅於突顯自己讓別人印象深刻，有的則不太擅長。

不擅於突顯自己的人，大致可分爲以下類型：

第一種人是不會設身處地替他人著想，總以自我爲中心的人。

他們可能會攔住急忙前往另一處的人，不管對方的時間是否許可，就拼命地說著自己的事；或是一廂情願地認爲對方絕對是記得自己的，就興高采烈的向對方報告自己的近況……等等。

也許他們的態度表面上是和善，但這樣的人，是不會讓人留下好印象。

第二種人是強迫型的。他們總是不顧他人想法，拼命地想表現自己。

例如，在集體面試時，自己只是一個勁地說話，完全不給其他人發言的機會，完全沒有警覺到這是一種強迫性的態度，根本稱不上是積極或是主動。

這種人其實大多是因爲他們的不安全感，讓他們以爲如果表現得不比人更顯眼，就無法生存下去。

你如果有「雖然被人家認同是再好也不過了，但不被認同，並不代表前途就此暗淡無光」、「不能因爲不被他們認同，就認定自己不被全世界的人認同」的想法話，就不會以強迫性的態度去突顯自己。

第三種類型是先發制人的人，他們會將競爭心理帶到職場或社交場合上，因而很容易引發夥伴的嫉妒心。

多數的上司會對於言談之間崇拜自己的部屬或後進，有特別寵愛的傾向，這是由於每個人多少都有些自戀成分，因此倘若部屬或後進以此佈下戰略，便容易讓他們上勾，贏得他們的偏愛。

由以上所舉的三種典型可知，在這世上充滿那種寧可帶給別人不愉快、也要突顯自己的人。要如何才能避免讓自己成爲這種人呢？

首先是，說話之時要考量到別人的心情，有爲他人服務的精神。比如說，當同事因爲小孩要準備考試而操心，你可以將自己小孩推薦的優良參考書送他；聽聞晚輩的妻子生病了，你可以介紹醫院給他，表示你的關心。

不過，要這樣做之前，你自己本身的問題必須先得到解決。如果自己的問題都沒解決，就一味地服務他人，可能就會被批評爲多管閒事了。

再者則是爲了自己所屬的團體，去發掘每個可能發生的問題，並且透過言詞提出可行的解決方法。

例如，要舉辦尾牙之時，你就可以表現出你的細心：「從公司帶一瓶酒過去怎麼樣？」「可以叫某某人一起來呀！」等等，爲了讓你所屬的團體感覺是融洽的，你必須要感覺敏銳，並且盡可能地照顧到每個人。

接下來，是要在說話之時適度地撒點嬌。

所謂適度，就是至少不要給人感覺太厚臉皮。

譬如，你可以說：「可不可教教我那個？」「我離開一下，如果有電話，幫我接一下好不好？」

這樣受託的人會因爲認爲自己受到信賴，被上司或前輩認可而感到開心，更樂於辦好你交代的事。一般而言，善於突顯自己的人，也是善於撒嬌的人。

最後就是在自己可以容許的範圍內，扛下別人討厭的工作。像是假日上班、開車接送、打掃、收拾爛攤子、處理客戶申訴案件……等等。

當然，這世上還是有人會完全不想突顯自己，寧願做個沒沒無聞的平凡人。千萬不要因爲這樣就認爲自己是低層次的人，因爲比起什麼事都不想努力去做，而只想被人家認同、只想突顯自己的懶惰蟲，你絕對要比他們高出許多。

總之，千萬別急著突顯自己，而是用溫柔的言詞對待你身邊的人，用心做好你手邊的事，如此一來要讓別人都不注意到你，也是很難的事。而強迫別人的眼睛看著你，只會讓你幼稚又無能的形象，深刻的烙印在人們的心中。

如何讓自己的「語言」動聽？

> 與人談話的時候，臉上最好帶一抹微笑，因為微笑是人與人之間溝通的橋樑。萬一真的笑不出來的時候，只要以誠摯的態度交談就行。

平時，我們與人交談、交往的時候，大都希望自己能在對方心目中留下一個良好的印象，因此，莫不講究語言方面的技巧和修辭。

語言的技巧，著重在「巧」字上。掌握了一定的語言技巧，對於日常的交際活動肯定大有助益，但是光講究技巧，本身卻欠缺美感就會充滿匠氣，反而俗不可耐。

要使對方與你交談之後、心情舒暢愉快，除了注意舌頭的說話技巧外，還得給人優雅的視覺形象，給人悅耳的聽覺形象。

俗話說：「佛要金裝，人要衣裝」，說明了得體的打扮能使對方留下賞心悅目的印象。服飾的搭配要與交談的場景、氛圍相和諧，穿著打扮則必須符合本人的年齡、職業和性格。

另外，與人交談、接洽事情時，還應該注意交談的姿態，即使是在非正式場合，也不能忽視自己的舉止風度。

請記住，站有站相，坐有坐相，千萬不要表現出一副懶散的模樣。

再者，要懂得尊重交談對象，不要在交談時蠻不在乎地翹腳搖腿，或擺出一副好像很了不起的架式，那是一種很沒有修養的表現。

精神面貌也是視覺形象的一個重點。面色灰暗的人應當適度補妝，上了夜班，眼圈發黑的人應該睡一覺以後再與人交談。試想，誰願意和一個無精打采、說話總是哈欠不斷的人交談？

與人談話的時候，臉上最好帶一抹微笑，因爲微笑是人與人之間溝通的橋樑。但是，萬一眞的笑不出來的時候，也不必費心強裝笑臉，只要以誠摯的態度交談就行。

說話的時候，切記不要舉止輕佻、面部表情誇張、說得口沫橫飛，這些醜態都會令人反感，但是，過分的拘謹也沒有必要。

大家都曉得，若要語言動聽，讓聽者產生愉快的感覺，就要把握抑揚頓挫，注意氣氛，適度把對方當成談話的中心，使對方在心理上獲得被尊重或寵愛的感覺。對方明白自己在他人心目中的位置，當然心花怒放。

因此，語言要說得動聽，要使對方感動，應該時時把對方放在談話的主角位置。即使對方出了差錯，萬不得已必須批評對方之時，也仍然要把對方放在主要位置上，不要牽扯其他人事物。

如此一來，對方會覺得人格受到尊重，即使你沒有嚴厲地批評他，他自己也會深刻地反省，把以後的工作做得更好。

訓練幽默感的五大重點

笑容會讓人開心，即使你自己很沮喪，只要試著露出笑容，心情就會開朗起來，這是幽默的最基本條件。

很多不善言詞的人一聽到幽默的話語，心裡不禁會想：「如果我也能講出那麼好笑的話就好了！」

所以，就有許多本來沒什麼幽默感的人，為了讓聆聽者發笑，故作幽默地說一些低級無趣的葷笑話，或是讓別人笑不出來的冷笑話，有時候反而會惹來大家的不悅，或是破壞了當時的氣氛。

其實，真正的幽默感，是自然地醞釀出來的東西，唯有自然流露的幽默感，才有可能讓聆聽者的心靈緩和下來，彼此充分溝通。所以，想要言談幽默，首先就先期許自己做個幽默的人吧！

那麼，怎樣才能成爲一個幽默的人呢？

具體來說，大略可分爲以下五種方法：

1.將自己心中的「完美主義」趕出去。

對凡事都要求完美的人，不太可能具有幽默感的。因爲如果沒有一定程度的包容，幽默感是不會產生的。

人生難免有失敗，失敗有時會讓人生更精采，如果你自己都無法認同失敗的存在，就無法成爲具幽默感的人了。

2.凡事要有開朗樂觀的想法。

人類有的樂觀、有的悲觀，如果你是屬於悲觀的人，不妨想想，悲觀幾乎不會改變事實。如此一來，還有什麼好悲觀的呢？

人要擁有樂觀的想法，想法樂觀的人會比較開朗，也比較有彈性，也已經具備了醞釀出幽默感的特質了。

3. 不要將失敗的經驗累積在心中。

每個人在做一件事時，一定都希望成功，可是難免還是有失敗的情況。一般人不可能期盼失敗降臨，然後將那些失敗的經驗放在心中，再去跟人家分享的。可是，從逆向思考的角度而言，你將你的失敗經驗告訴別人，如果不是什麼太嚴重的失敗，他們絕對會開懷大笑的。

因爲，我們都喜歡別人的失敗經驗，但是自己經歷了一模一樣的失敗，卻無法主動開口。因此，這些失敗的經驗如果由你自己說出來，別人就會覺得你是個懂得自我解嘲，有幽默感的人。

4. 消滅負面的妄想情結。

如果不加以約束，大多數人的心裡會慢慢浮現妄想的情結。這種妄想並不會帶來任何利益，只會讓心情更灰暗，這樣就不會產生出幽默感了。一旦你產生了妄想，不妨提醒自己去消滅它。

5.表情很重要，不要忘記笑容。

笑容會讓人開心，即使你自己很沮喪，只要試著露出笑容，心情就會逐漸開朗起來，心情開朗是幽默的最基本條件，所以不要忘記要隨時保持笑容。

無意間說出的一句話，可能會讓你的人生變好或變壞，短短的一句話，也會讓一個人幸或不幸。你在和人說話時，是否都會意識到每句話的重要性呢？

就因爲不是每個人都經得起開玩笑，所以，想要成爲一個幽默的人，不要開別人玩笑，而應該試著對自己開點玩笑。

像是故意提到自己的弱點或自卑的地方，說一些誇張的話或俏皮的話，時而說出帶點諷刺的話……等等。

你可以經常找機會練習，想要說出具有幽默感的話，你自己就必須先成爲具幽默感的人才行喔！

08

掌握正確方式，更快達到共識

遇到說服他人的情況，

首先要動腦子，管住嘴巴。

選擇最好的方式、語言去解決問題，

能既得便宜，又賣乖。

巧妙對人示弱，佔得便宜更多

要想讓他人放鬆對自己的警惕，不妨巧妙地、不露痕跡地暴露出某些無關痛癢的缺點，出點小洋相。

某些時候，「示弱」反而能讓自己更佔便宜。

事業上的成功者、生活中的幸運兒，遭人嫉妒在所難免。若一時無法消除心理誤會，不妨表現出適當的示弱態度，將威脅減到最低程度。

示弱能使處境不如自己的人保持心理平衡，有利於交際。

地位高的人在地位低的人面前，可以展示過往的奮鬥過程，表明自己其實也是個平凡人。

成功的人可以在別人面前多說曾經遭遇的失敗、現實的煩惱，給人「成功得之不易」的感覺。

對眼下經濟狀況不如自己的人，最好適當訴說自己的苦衷，諸如健康狀況欠佳、子女不聽話，或者工作中遭遇了諸多困難，讓對方感到「家家都有一本難念的經」。

某些專業上有一技之長的人，最好宣稱根本對其他領域一竅不通，坦承自己日常生活中如何鬧過笑話、受過窘等。

至於完全因客觀條件或偶然機遇僥倖獲得名利的人，更應該直言不諱地承認自己是「瞎貓碰上死老鼠」。這樣一來，不但可以消除他人心中嫉妒，還能夠籠絡人心，贏得同情。

示弱時，可以推心置腹地私下交談，也可以在大庭廣眾之下，故意訴己之短，說他人之長。

示弱，更要表現在行動上。若你在事業上已處於有利地位，獲得了一定的成功，在其他小事情上，即使完全有條件和別人競爭，也該盡量迴避退讓。對小名小利不妨淡薄些、疏遠些，因爲先前的成功已經讓你成了某些人嫉妒的目標，萬萬不可再爲一點微名小利惹火上身。

曾有一位記者去拜訪一位政治家，表面上是採訪，實際上想藉機獲得有關對方的一些醜聞資料。

然而，還來不及開口寒暄，政治家就先擺出親切的笑容說：「放輕鬆些，時間還長得很，我們可以慢慢談。」

可以想見，記者對此大感意外。

不多時，僕人將咖啡端上桌來，這位政治家端起喝了一口，立即大嚷道：「喔！好燙！」咖啡杯隨之掉落在地。

等僕人收拾好後，政治家又把香煙倒著插入嘴中，從濾嘴處點火。記者見狀趕忙提醒：「先生，您拿反了。」政治家聽到這話之後，慌忙將香煙拿正，不料卻失手將煙灰缸給碰翻在地。

平時趾高氣揚的政治家出了一連串洋相，使記者大感意外，不知不覺中，原來的挑戰情緒消失了，甚至產生一種莫名的親近感。理所當然，事後寫出來的報導因此友善了許多。

他所不知的是，這整個過程，其實全是政治家一手安排的。

當人們發現傑出的權威人物也有許多弱點，過去抱有的恐懼感和怨恨就會相應消失，且由於同情心的驅使，甚至還會產生某種程度的親密感。

要想讓他人放鬆對自己的警惕，進而贏得好感，不妨巧妙地、不露痕跡地暴露出某些無關痛癢的缺點，出點小洋相，表明自己並不是一個高高在上、十全十美的人，如此必定能使人降低戒心，不存心與你爲敵。

說服，絕非不可能任務

善用技巧，把話說到對方心裡，說服力必定會提高，要想在互動中佔得便宜，自然不再是不可能任務。

常常遇到這樣一種情況：你在與別人爭論某個問題時，分明自己的觀點是正確的，但就是不能說服對方，甚至還被對方「駁」得啞口無言。

這是什麼原因呢？心理學家認爲，要爭取別人贊同自己，僅觀點正確還不夠，更要掌握一些說話的技巧。在日常交談中，掌握說服別人的技巧至關重要，是支持你邁向成功的必備條件。

說服別人要有耐心，更要懂得方法和技巧。說服不能靠勢力、權力去強壓人，更不能靠投機、欺騙手段，否則，別人充其量只會口服，但內心不服，就不會達到說服的目的。

說服別人之前，先要說服自己，並且應當入情入理。如果強詞奪理，只會讓人產生對你的厭惡。

以下，是說服人的幾大法則：

• 以退為進，調節氣氛

首先，應該設法調節談話的氣氛。

如果你察言觀色，用提問的方式代替命令，並給人以維護自尊和榮譽的機會，氣氛就是友好而和諧的，說服也就自然而然地成功了。反之，在說服時不尊重他人，擺出一副盛氣凌人的態度，那麼說服就很難收到功效。

人人都有自尊心，誰都不希望自己任他人支配。

有一位中學老師，非常善於調節氣氛來說服自己的學生。一日，學校安排各班級學生參加平整操場的勞動服務，大家都很努力，只有這個班的學生躲在陰涼處偷懶，老師無論如何說都無濟於事。

後來，老師想到一個以退為進的辦法，問學生：「我知道你們並不是怕累，而是怕熱吧？」

學生們一聽，自然不願承認懶惰，於是七嘴八舌地說，確實是因為天氣太熱了。

老師接著又說：「既然是這樣，我們就等晚一點再弄，現在先輕鬆一下吧！」

學生一聽就高興了，老師為了使氣氛更熱烈一些，還買了幾十支雪糕讓大家解暑。在說說笑笑的玩樂氣氛中，學生接受了老師的說服，不久之後便開始認真地清掃整理起來。

• 善意威脅，以剛制剛

很多人都知道用威脅的方法可以增強說服力，卻不會運用，說穿了，關鍵是要「合理」。

運用善意威脅可以使對方產生恐懼感，從而達到說服目的。

一次活動中，領隊領著所有團員來到偏僻的鄉下，風塵僕僕地趕到事先預定的旅館，卻被告知當晚由於某方面原因，原來訂好的套房沒有熱水。

為了解決此事，領隊只好去找旅館經理。

領隊：「對不起，這麼晚了還把您請出來。天氣這麼冷，大家都很累了，不洗個熱水澡怎麼行呢？何況我們預定時說好要供應熱水的，這狀況只有請您來解決了。」

經理：「這我也沒有辦法，鍋爐工回家去了，沒有人放水、燒水。我已叫其他員工開了公共大浴室，你們可以到那裡去洗。」

領隊：「是的，我們大家可以到公共浴室去洗澡，不過話要講清楚，付了套房的錢，卻得到這種等級的服務，你們只能收通鋪的價錢，其餘必須按照標準退費。」

經理：「那不行。」

領隊：「您不願意退費，唯一的辦法就是供應套房浴室熱水。」

經理：「我沒有辦法。」

領隊：「不，您一定有辦法！」

經理：「你說，有什麼辦法？」

領隊：「您有兩個選擇，一是把鍋爐工找回來，二是您親自出馬，燒好熱水，然後再拎到每一個房間去，並且賠罪。當然，我會配合您，勸所有團員耐心等待。」

交涉的結果，旅館經理被領隊的威脅所說服，派人找回了鍋爐工。四十分鐘後，每間套房的浴室都有了熱水。

儘管威脅能夠增強說服力，但在具體運用時，要注意以下幾點：態度友善、講清後果並說明道理、威脅程度不要太過分。

不能遵守，極有可能會弄巧成拙，使對方惱羞成怒，達不到說服目的。

• 消除防範，以情感化

這種方法，用在你和要說服的對象較量時。

此時，彼此都會產生一種防範心理，尤其是在危急關頭。要想使說服成功，就要注意消除對方的防範心理。

從潛意識來說，防範心理的產生，是一種自我保護，也就是當人們把對方當成假想敵時，產生的自衛心理。消除防範心理的最有效方法，就是反覆給對方一些暗示，表明自己是朋友，絕非敵人。

暗示可以採用種種方法來進行，例如主動噓寒問暖、給予關心、表示願意給予幫助等等。

有一個計程車司機，把一名男性乘客送到指定地點時，對方突然掏出尖刀逼他把錢都交出來。他裝作害怕的樣子，交給歹徒一千多元說：「今天我就賺這麼一點，我還有一把零錢，也給你吧！」說完又拿出一大堆零錢來。

見司機如此爽快，歹徒有些迷惑。司機見自己似乎軟化了對方的心，便又接著問：「你要去哪裡？說個大概的地點，我送你回家吧！」

見對方不反抗，歹徒便把刀收了起來，讓他送自己到火車站去。

趁氣氛緩和下來，司機開始啟發歹徒說：「我家裡經濟狀況原來也非常困難，我又沒啥本事，後來就跟人家學開車。幹起這一行來，雖然真的賺不多，但也還過得下去，至少自食其力，心安理得嘛！」

歹徒沉默不語，司機繼續道：「男子漢四肢健全，只要有心，什麼不能做？你想清楚了，走上這條路，哪天一失手，一輩子可就毀了。」

火車站到了，見歹徒要下車，司機又說：「我的錢就算幫助你的，用它做點正事，想想我說的話，以後自食其力吧！」

一直不說話的歹徒聽完，突然哭了，把鈔票往司機手裡一塞說：「大哥，我知道錯了，真對不起！」說完，開了車門就跑。

在這個事例中，司機正是運用了消除防範心理的技巧，最終達到了說服的目的，自己也沒有遭受任何損失。

善用技巧，把話說到對方心裡，說服力必定會相對提高，要想在互動中佔得便宜，自然不再是不可能任務。

掌握正確方式，更快達到共識

遇到說服他人的情況，首先要動腦子，管住嘴巴。選擇最好的方式、語言去解決問題，能既得便宜，又賣乖。

說服他人，不一定要用權勢去壓人，也沒有必要用生硬的態度加以強迫，只要你能將話說得恰到好處，說服別人就不是一件難事。

- 投其所好，以心換心

說服別人時，站在他人的立場上分析問題，會給人一種爲他著想的感覺。這種投其所好的技巧，多具有極強的說服力。

要做到這一點，最重要的是「知己知彼」。先知彼，而後才能從對方的立場上考慮問題，從而說服他人。

有一家精密機械工廠，在生產某項新產品時，將部分零件委託另一小廠製造，不料當小廠將零件的半成品呈示總廠時，竟全部不合要求。

由於時間緊迫，又是重要生意，總廠負責人只得要求小廠儘快重新製造，但小廠負責人認為己方已經完全按總廠的規格製造，不想再從頭來過，雙方僵持了許久。

總廠廠長見了這局面，問明原委後，便笑著對小廠負責人說：「我想這件事完全是由於公司方面設計不周所致，實在抱歉。今天，幸好是由於你們幫忙，才讓我們發現竟然有這樣的缺點。只是事到如今，事情總是要完成的，請你們將它製造得更完美一點，這樣對你我雙方都有好處。」

那位小廠負責人聽完，一改態度，欣然應允。

小廠負責人之所以被說服，就在於能夠站在被說服者的立場上去考慮，維護了對方的自尊。

•尋求一致，以短補長

習慣於頑固拒絕他人說服的人，總處於說「不」的心理狀態之中，所以經常呈現出僵硬的表情和姿勢。

對付這種人，如果一開始就提出問題，很難打破他說「不」的心理。因此，你得努力尋找雙方之間的共通點，先讓對方贊同你遠離主題的意見，從而對你的話感興趣，然後再想法將觀點引入話題，最終達到眞正目的，使對方接受意見。

一個小夥子愛上了一個漂亮的女孩，但由於他長得其貌不揚，女孩始終不為所動，根本不肯以正眼看他。

這天，小夥子找到女孩，鼓足勇氣問：「妳相信姻緣天註定嗎？」

女孩有些訝異他會問這個問題，眼睛盯著天花板想了一下，答了一句：「算是相信吧！」

小夥子立即說：「我聽說，每個男孩出生之前，上帝便會告訴他，將來你要娶的是哪一個女孩。所以我出生的時候，未來的新娘便已經配給我了，上帝還告訴我，我的新娘長得很醜。」

「我當時一聽，就向上帝懇求：『上帝啊！那對她來說實在太殘忍了，求你把醜陋的容貌賜給我，將美貌留給我的新娘。』」

女孩被這番話感動了，決定接受這個小夥子，和他交往。

說服他人要從關鍵入手，這就要求了解對方，知道對方的長短。當然，最重要的還是得會說話。

與人相處時，遇到要說服他人的情況，首先要做的就是動腦子，管住嘴巴，避免在沒有搞清楚狀況之前亂講話。選擇最好的說服方式、語言去解決問題，自然能既得便宜又賣乖。

告訴自己：我一定做得到

人類其實都有一種強烈的潛在慾望去表現自己，尤其是人類只要被稱讚，就會告訴自己說：「我也做得到」，充滿自信地行動。

有的人雖然無知，但卻擁有異於常人的自信，所以言談之間充滿表現慾望。

那種氣勢往往讓人處於被動狀態，所以他們會越來越覺得成功是靠自己的實力。因爲他們的無知、感受力遲鈍，即使有人給予負面的批評，他們也會認爲那是批評的人不了解他們的關係。

反觀，有的人因爲自信心低，說話之時瞻前顧後，認爲即使成功了也是外在因素使然，一旦失敗了就會深信是自己沒有能力，變得一蹶不振。

所以說，人類發揮說話能力的原動力及原因是因人而異的。

下列就是一些阻礙說話能力發展的主要原因：

首先是煩惱自己說服別人的能力不足。若深信自己無能，說話辦事的衝勁就會慢慢減弱，心情無法安定，無法控制膽怯。

接下來是懦弱，一旦懦弱了，想說服別人的衝勁就會萎縮。因爲在意結果而懦弱的話，衝勁就會慢慢減弱，不久後就會爲無力感而煩惱。

還有一個情況是認爲即使自己努力表達意見了，也不會得到好結果。當一直重複失敗，或是一直想要努力卻到達不了自己的要求水準時，就會認爲自己在言談方面是不行的。

另外，就是認爲自己在增強說話能力方面，根本無能爲力。

當不安感、恐懼感與緊張感，漸漸出現在表情與態度上時，就會更加助長無力感了。以下是一些解決方式：

1. 整頓外在形式。首先試著採取沉穩的態度，例如大聲說話，從外在形式開始。

心靈影響著外在，外在也會整頓心靈。

2.認識會稱讚你的人。和體貼自己的人在一起，他們會告訴你不需要有自卑感，並會適時給予激勵。

3.尋找解決事情的方法。得到解決的方式後，就能夠重新調整心情了，因為你已經知道怎麼做、怎麼說才會更好。

4.尋找會正面刺激你慾望及情緒的資深指導者，並向他學習說話謀略，也就是向擁有一流指導能力的人學習。

5.要有周到的準備。對言談內容有自信，也就會湧現衝勁。

人類其實都有一種強烈的潛在慾望去表現自己，尤其是人類只要被稱讚，就會告訴自己說：「我也做得到」，充滿自信地行動。被人稱讚，是激發說話辦事衝勁的動機來源。

不要遭到反駁就退縮

想要讓別人了解自己，首先就必須讓對方明白自己的想法，不要擔心別人的反駁或質疑，因為只有反駁和質疑才能讓想法中的瑕疵消失。

語言是人類交流的工具，人與人之間的交往和溝通，都不可能離開語言。語言，可以說是人們傳播知識、交流思想，並將喜怒哀樂等等複雜的情緒與情感傳遞出來的最佳方法。

在現今資訊爆炸的時代，人與人之間的聯繫比以前更為頻繁，這個頻繁的交往更難脫離語言，語言的重要性不必細說，便可得知。

每個人都有自己的看法或意見，但是，卻不是每個人都「敢」表達自己內心真正的想法或意見。

要是你連自己的想法都不敢說出口，那麼你如何有勇氣面對困難，如何能創造機會，進入成功的殿堂？

有一個學生考上了英國牛津大學的博士班，但是這個學生卻在參加口試的時候，因為教授質疑她的研究計劃，而和教授展開激烈的辯論。

到最後，教授大聲地說：「妳的研究計劃包含了不下十個錯誤，根本就不是一個合格的研究計劃！」

學生也不甘示弱地反駁教授：「這只能表示我的研究計劃不成熟，並不表示這個計劃不合格！而且，如果您能接受我成為您的學生，我有信心，一定可以把這個計劃執行得盡善盡美。」

教授很生氣地說：「難道妳要我指導一個反對我理論的學生嗎？」

學生回答：「坦白說，教授，我就是這麼想的。」

口試結束後，學生心想：「牛津大學應該不會錄取我了。」於是她垂頭喪氣地坐在門外等候通知。

沒想到，助教在宣佈錄取名單時，竟然出現了這個學生的名字。名單宣佈完後，教授當著眾人的面對她說：「孩子，雖然妳罵了我兩個小時，但是最後我還是決定錄取妳。我要妳在我的指導下反對我的理論，這樣一來，如果事實證明妳是錯的，我會很高興；如果證明妳是對的，我會更高興。」

想要讓別人了解自己，首先就必須根據當時置身的環境，採用適當的說話方式，讓對方明白自己的想法。

勇敢把自己的意見說出來，不要擔心別人的反駁或質疑，因爲只有反駁和質疑才能讓原來想法中的瑕疵消失。

而且，就算說明想法之後還是無法得到認同，至少你努力過，也證明了你不是個遇到困難就退縮的人。

抬槓爭鋒，做人不會成功

聰明人都善於退讓，在關鍵時刻充當「愚者」，虛心請教他人的意見或建議，把自身修飾得更加完美。

鋒芒外露的人或許有才華，但絕不聰明。眞正的聰明人，懂得處世原則，什麼時候該方，什麼時候該圓，全都能把握得恰到好處。

聰明人不僅不會處處顯示出自己比別人強，相反的，他們還會刻意裝出一副很「愚」的模樣，因爲心裡清楚明白，樹大必然招風。

現實生活中，很多人都希望在他人面前展示自己的「才華」，於是便喜歡和人爭執，凡事都要拚個你死我活，非要分出勝負，讓別人知道自己的智慧有多高、多麼有想法、多麼厲害。

這種人只要一投入話題中，馬上就針鋒相對，不管別人說什麼，總要予以反駁。你說「是」，他們就一定要說「否」，等你改口說「否」的時候，他們又要堅持說「是」了。

總之，事事都要出鋒頭，時時都想顯示自己。

實際上，他們並不一定眞的才華橫溢，很可能根本就胸無點墨、腦袋空空，毫無見識可言。

凡事都想搶佔上風的人，與人爭執時，必定會擺出一副不把別人逼進死胡同誓不甘休的架勢。這樣眞的好嗎？下場不用說，大家都清楚。

若你本身就有喜歡與人爭執的毛病，不妨靜下心來想想，這雖然讓自己的虛榮心得到了滿足，但別人會是怎樣的感受？喜歡爭執的人，大都不能將心比心地意識到這一點，所以改不了這種不良習慣。

動輒與人爭鋒，看在別人眼裡就是一個跳樑小丑，難成大氣候。在生活和工作中，這種不良習慣也會使你與周遭的人產生隔閡，人人避之唯恐不及，不會願意主動提供好的意見或建議。

毫無疑問，無論一個人原本能力有多好，一旦染上愛爭論的壞毛病，朋友、同事便將遠離。

應當這樣告訴自己：日常談論中，你提出的看法不一定都是正確的，其他人的想法也未必就比你的差。因此，你不該任意反駁別人的看法。

喜歡抬槓爭論的人，往往有些小聰明，當然也有許多是自作聰明，總認爲自己的智商比別人高，自己的天賦或能力無人能及，實際上只是不懂得做人的傻瓜罷了。

另一種可能，就是太過於熱心，總想從自己的頭腦中提出更高超的見解，認爲這樣做能讓人刮目相看，可是事實上大錯特錯、事與願違。

生活中有太多瑣碎的事情，根本不值得我們將時間與腦細胞浪費在上面，更別說是與人爭得面紅耳赤了。在輕鬆愉悅的閒談中與人交流，保持應有的快樂氣氛，不是更能討得便宜？

想當一個聰明人，首先，請學會看場合、看臉色行事。與他人閒談時，若對方根本不打算聽你說教，只想娛樂一番，你卻自作聰明，一定要拿出自己對談論話題所持的「高見」進行爭論，相信任何人都不會接受。所以，你千萬不能時刻擺出教訓人的架勢，即使他人的看法是錯誤的，也不妨佯裝贊同，因爲那不過是爲了娛樂而已。

當同事向你提出某種意見或建議，即使對他們的看法有所懷疑，也不要當場反駁。聰明人會充當「愚者」，耐心地傾聽對方的意見，即使不完全贊同，也表現出有濃厚興趣的模樣，並表示一定會仔細考慮。這樣一來，不但尊重了別人，也給自己一個下台階。

畢竟，自己的想法不可能盡善盡美，他人的意見也不見得一無是處。彈性地留下轉圜空間，才是最好做法。

與朋友一起聊天時，細節處理更不能忽視。一旦表現出愛爭執的傾向，就有可能傷害到彼此的友誼。

如果朋友在某個問題上出現了錯誤，自己卻不自知，你向對方提出意見而他不肯接受，不必急於求成，不妨讓一步，佯裝自己與他站在一條戰線上，目的則在把時間拖得長一些，過幾天另找機會深談。

切記，待人接物最聰明的做法，就是表現得謙虛些，眞正去尊重別人的想法，避免發生任何不必要爭執。動輒與人爭論只會讓自己越來越惹人厭，久而久之，自然被淘汰出局。

爲了給自己創造一個更好的生活及工作環境，聰明人都善於退讓，在關鍵時刻充當「愚者」，不輕易顯露才能，化主動爲被動，虛心聆聽他人的意見或建議，取長處彌補不足，把自身修飾得更加完美。

這樣一來，不但尊重了別人，還完善了自己，一舉兩得，何樂而不爲呢？

做不到就別輕率誇口辦到

想開口承諾別人的時候，必須先衡量一下自己能不能辦到。做不到的事情，千萬別輕率向人承諾，切忌把話說得太滿。

做人不要輕易承諾，做事要留後路。

如果做人輕諾寡信，遇到兇險也不會有人同情，大家會認爲你咎由自取、自作自受。這樣一來，無形中把自己逼進了死胡同，不要說出路了，恐怕連退路都沒有。

一般來講，承諾有兩種情況：一種是自覺的承諾，明確地答覆他人，應允請求之事；一種是不自覺地承諾，就是自己本來並未應允，但在別人看來，已經等同於應允。

在應酬中輕易承諾，很容易陷入被動局面，所以承諾別人之前要掂量一下自己的分量，根據自身能力答應合理的請求。

法國皇帝拿破崙曾說過一句話：「我從不輕易承諾，因為承諾會變成不可自拔的錯誤。」

例如，朋友拜託你辦一件事，而這件事在你看來可以辦，也可以不辦，或者介乎兩者之間。

你可應允辦理，這叫自覺承諾，你也可能會說「讓我想一想」，這叫不自覺承諾。但在人家看來，會以爲你已經答應了，這就會引來麻煩。

在一個十字路口，有一棵枝繁葉茂的大樹。

某天，一位老人正坐在樹下閉目歇息，突然一個年輕人飛奔到面前，驚慌地哀求老人救他，說有人誤以為他是小偷，偷了人家的東西，正帶領一幫人追捕，要剁掉他的雙手。

說罷，年輕人縱身爬到大樹上躲了起來，並再一次要求老人不要告訴追捕他的人，自己正躲在樹上。

老人看年輕人的長相不像個小偷，便回答說：「讓我想一想。」

就因為老人這句不自覺的承諾，年輕人放下心來。

不一會兒，追捕的人趕到大樹下，問老人：「你有沒有見到一個年輕人從這裡跑過去？」

老人曾發過誓，絕不講假話，便回道：「見過。」

追捕的人又問：「他往哪裡跑了？」

老人舉手朝樹上指了指，年輕人立刻被人拖下來，剁掉了雙手。

年輕人為此大罵老人違背了先前的承諾，竟然出賣他，但在老人看來，自己根本沒有做下任何承諾。

人人都喜歡「言出必行」的人，也因此，很少用寬容的尺度去諒解一個人不能履行某一件事的原因。

難道不是嗎？我們必定經常在應酬中聽到某位朋友說，某某人分明答應爲我做一件事，最後卻食言了。

仔細地想一想那位朋友的話，雖然某某人曾經答應過他，但那很可能只是表面上的應付，或者事情根本就不可能辦到。

其實，恐怕連抱怨者本身也心知肚明，自己所託之事有些強人所難，但他絕對會責備別人，而不是責備自己。

如不細想，任何人聽了，都會同樣覺得某某人不對，因爲到了這種時候，誰還會顧及當初那位某某人的允諾，究竟是自覺或不自覺呢？

必定有人會問：「當著朋友的面，對朋友提出的請求自然非應允不可，但這要求我根本就辦不到，該怎麼辦才好？」

對此，一位日本人際學家告訴我們：「我們在傾聽別人表達和請求完畢後，若覺得自己不願答應或無法做到，不妨輕輕地搖頭，不必強烈地表示出拒絕的態度。」

這就是說，不需要用傷害感情的強烈言辭去拒絕，只要輕輕搖一下頭，把自己的意思含蓄地表達出來就可以了。

答應幫別人辦事，固然可以體現你的熱心，可是，如果你承諾了別人但自身能力有限，無法讓承諾兌現，別人將會認爲你言而無信，久而久之，在他人面前就失去了信譽。

爲了自身的名聲、人際關係著想，想開口承諾別人的時候，必須先衡量一下自己能不能辦到。

做不到的事情，千萬別輕率向人承諾，切忌把話說得太滿。無論如何，請給自己留條後路。

給人台階下，交往更和諧

人際交流互動過程中，遇到令人尷尬的場面時，別忘了主動釋出善意，為別人留個「台階」。

我們不但要盡量避免因自己的不慎，造成別人下不了台，更要學會在對方可能不好下台時，巧妙且及時地提供一個「台階」。

不過，這個「台階」該如何給，是一門不好拿捏的學問。若是不懂技巧，很可能會由於方法不當、過於刻意，反而使對方更感尷尬，造成更大傷害。

以下，提供必須注意的幾點：

• 不露聲色

既能使當事者體面地全身而退，又盡量不使在場的旁人覺察，這才是最巧妙的「台階」。

一位客人在飯店請客，邀了十個人，卻只要三瓶酒。

一般情況下，應該會開五瓶酒才對，飯店女服務員相當有經驗，立刻由此看出請客者的手頭並不太寬裕。

為了維護客人的面子，不使他感到難堪，她決定不露聲色地親自替這一桌客人斟酒，控制速度。

五道菜後，客人們的酒杯裡的酒還滿著。請客的人不僅放下了心中的大石頭，臉上更感光彩，深深感激服務員為自己圓了場，臨走時誠摯地表示以後還會再來這裡。

試想當時的狀況，服務員想讓這位客人「出洋相」是非常容易的事情，但那樣必定會失去一位主顧，沒有任何好處。

善於交際的人，往往會不動聲色地幫助對方擺脫窘境，不知不覺間深化彼此的情誼，爲以後的長遠發展鋪路。

・運用幽默語言

幽默是人際交往最有效的潤滑劑，一句幽默語言，能使雙方在笑聲中相互諒解，並感到愉悅。

作家馮驥才在美國居住時，一位朋友帶著兒子到公寓去看他。

想不到他們談話間，那個壯得像牛犢的孩子，竟然爬上馮驥才的床，自顧自地在上面蹦跳起來。

如果直接了當地把孩子拉下床去，勢必會使父親產生歉意和不悅，也顯得自己不夠熱情、不夠度量，於是，馮驥才說了一句幽默的話：「請你的兒子回到地球上來吧！」

那位朋友立刻說：「好，我和他商量商量。」

巧妙運用幽默，結果自然是既達到了目的，又顯得風趣。

・盡可能地為對方挽回面子

當遇到使對方陷入尷尬境地的意外，你在提供一個「台階」的同時，如果還能採取某些妥善措施，及時地爲對方面子上再增添一些光彩，該是最好不過的事情了。

你希望與人爲善，左右逢源，佔盡便宜嗎？

那麼，人際交流互動過程中，遇到令人尷尬的場面時，別忘了主動釋出善意，爲別人留個「台階」。

說話之前，先考慮清楚

說話是一門高深的藝術，說好了萬事都好，得了便宜還可以賣乖，說壞了則無異於自毀前程。

有句俗話說「逢人只說三分話」，對此你是否同意？

總有些人堅持大丈夫做人做事光明磊落，事無不可對人言，不可以只說三分話，這是一種太過單純的想法。

老於世故、善於交際的人，的確只說三分話，時刻不忘為自己留條後路。千萬別認為他們太狡猾、不誠實，其實這是最機智的做法，退可保身，進可佔得便宜，塑造出好形象。

說話前，必須先看清對方是什麼人，畢竟，如果不是可以盡言的人，說三分眞話，已經不算少了。

倘若面對的不是熟識相知的人，你卻暢所欲言、百無顧忌，對方的反應會如何？你是否考慮過，自己會不會在不知不覺間觸犯到他的忌諱？對方眞的願意耗時間聽你嘮叨嗎？

彼此關係淺薄，你卻與之深談，顯出你欠缺修養與判斷力，只會讓自己在他人心中的印象分數大打折扣。

逢人只說三分話，不是不可說，而是不必說、不該說，這與自身心境行事的光明磊落、沒有任何衝突。

事無不可對人言，是指行事應該光明磊落，但是，你所做的事，並不需要一五一十地向別人宣佈。這麼做不僅可以自保，更可以避免帶給別人困擾，絕不是不誠實，更不等同於狡猾的表現。

說話本來就有三種限制，一是人，二是時，三是地。

非其人不必說。非其時，雖得其人，也不必說。得其人，得其時，而非其地，仍不必說。

非其人，你說三分眞話，已是太多；得其人，而非其時，你說三分話，正給他一個暗示，試探反應；得其人、得其時，而非其地，你說三分話，正可以引起注意，如有必要，不妨擇地與對方另作長談，這才最理想。

說話是一門高深的藝術，說好了萬事都好，得了便宜還可以賣乖，說壞了則無異於自毀前程。

開口之前，必須將事情考慮清楚，想好了再說，否則，別人會認爲你是個有口無腦、不可信賴的人。

09

管好嘴巴，只說安全的話

有話不一定能直說，說得不好反而害人害己。

希望在人際交往中居於優勢嗎？

請學著掌握說話的藝術，管好自己的嘴巴。

管好嘴巴，只說安全的話

有話不一定能直說，說得不好反而害人害己。希望在人際交往中居於優勢嗎？請學著掌握說話的藝術，管好自己的嘴巴。

一個人究竟能不能在人際交往中如魚得水，其實從他的說話方式與表達技巧就可以看出端倪。

有的人說話，經常不掩飾自己的情緒，不管在什麼場合，也不問對象是誰，不考慮會引起什麼後果，心裡有什麼就說什麼，直來直去，毫無顧忌，結果常在無意中得罪了人。

客客氣氣的社交談話中，直話直說是致命傷。

別誤解，這絕不是在鼓勵說謊，而是在強調我們應該培養出正確態度，先看場合與對象，再決定該說什麼話。

社交談話中，有很多訣竅，可以給那些說話不懂得轉彎的人作爲參考。例如，預備幾個有趣的題目，侃侃而談，但言辭盡量含糊，含糊到只有專家才能聽出破綻。

尋找安全話題時，必須考慮以下幾項：

・使用模糊性語言

曖昧模糊，可以達到掩人耳目的效果。

使用這一招最重要的訣竅，叫作「不確定性原理」。例如，有位物理學家最愛以世界的本質爲題，使用一些模糊性語言，講些令人費解的話，然後看到周圍的人個個滿臉愕然、面面相覷，便忍不住偷笑。

・選擇某位不大出名的歷史人物為話題

如果你不想再聽某人喋喋不休地談論當今國家大事，不妨「以毒攻毒」，找一位不太出名的歷史人物當焦點，巧妙地轉移話題，取得主動權，這一招再有效不過。

不過，要注意的是，應當先摸清對方的底細，因爲有些話題是不能隨意碰觸的。若是不巧碰上能人，你卻還胡亂吹噓，「關公面前耍大刀」，下場就不太好看了。

• 用涵義廣泛的形容詞

交談中運用的形容詞，最好能適用於任何一個方面。

例如，有人要你對毫無所知的某本書、某齣舞台劇、某部電影或某張音樂專輯發表意見，你不妨說「我喜歡早期的作品，比較單純」，或者說「我喜歡後期的作品，比較成熟」。

這類論點無本身是非可言，無論對方是否同意，都不能說你錯。

• 講述一些歷久彌新的趣聞逸事

不必發表長篇大論，也可以令人覺得你學問淵博。若能在節骨眼上講出一樁人所罕知的事，會使人深信你滿腹經綸。

例如，記住某某作家有什麼特別的經歷，或者跟另外一位名人有什麼樣的關係，然後在跟別人閒聊文學、商界動態、名人花絮或見聞的時候，刻意表現出漫不經心的態度說出來。

如此一來，別人肯定會對你刮目相看。

・發表別人無從駁斥的見解

閒談中，難免會聽見對方問：「你認爲如何？」

你可能不想把眞正的想法說出來，或者根本無法回答，因爲你剛才沒有注意聽，腦袋裡想的都是其他事情，例如赴宴途中汽車發出的怪聲，或者剛才看完的某部電影裡令你念念不忘的橋段。

這種時候，千萬不要慌張，發表一些是似而非、他人無從反駁起的見解即可，例如「那得看情況而定」、「不能一概而論」、「在那種時候，本來就會有這樣的事情發生」。

・高明地搪塞躲避

要是有個粗魯的人竭力想揭穿你的把戲，千萬別慌，也別跟對方直接衝突，大可以試著轉移所有人的注意力，例如搬出一個讓自己必須馬上離開的理由，高明地自我解圍。

有話不一定能直說，說得不好反而害人害己。

有些時候，你明明出於好意向別人獻上忠言，可對方非但不領情，反而使你有如「豬八戒照鏡子」，裡外不是人。

可曾認真想過，出現這類現象的原因，究竟何在？

事實證明，大多都是實話實說、直來直往造成的。

你希望在人際交往中居於優勢嗎？那麼，請學著掌握說話的藝術，管好自己的嘴巴。

使場面難堪的實話，不說也罷

如果講實話會造成對方的難堪，或者對自己造成妨礙，那就該暫且忍耐，甚至不說也罷。看臉色、看場合，審慎思考後才說出最合適的話。

在社會上與人交際的機會越多，越會發現，很多時候，老實說話反而招人厭煩、破壞氣氛，並不受歡迎。

會說話的人早就預料到這種結果，所以在爲人處世過程中，能表現得與衆不同，彈性地根據場合、對象，區別對待，說出最合適的話。

從前，有一個非常誠實的人，無論別人問什麼事情，他都照實說。

因為這樣，他得罪了很多人，甚至連工作都丟掉了，變得一貧如洗，根本無處棲身。

一天，他來到一座修道院，懇求院方收留。

修道院長見過他並問明原因後，認為應該尊重「熱愛真理，喜歡說實話的人」，於是同意讓他在修道院裡安頓下來。

修道院裡有幾頭已經不中用的牲口，院長想把牠們賣掉，卻又不敢派手下的人到集市去，怕他們把所得的錢私藏起來。於是，院長找來這個誠實的人，託他把兩頭驢和一頭騾子牽到集市上去賣。

這人來到集市，面對買主，依然只講實話：「尾巴斷了的這頭驢很懶，只喜歡躺在稀泥裡。有一次，長工們想把牠從泥裡拽起來，太過用勁，結果拽斷了尾巴。」

「這頭禿驢性子特別倔，一步路也不想走，大家拿牠沒辦法，只好用鞭子抽打牠，因為抽得太多，毛都禿了。」

「這頭騾子，又老又瘸，完全不中用。你們想，如果幹得了活，修道院長怎麼會把捨得把牠們賣掉？」

理所當然，聽了這番誠實的話，買主們立刻轉身就走，沒有人還對這幾隻牲口感到興趣。晚上，那人把牲口們趕回修道院，並向院長講述自己賣牲口的過程。修道院長一聽大怒，對他說：「那些把你趕走的人是對的！無論一個人有多喜歡聽實話，都不會蠢到跟自己的荷包作對。老兄，請離開，這裡不歡迎你，今後你愛上哪兒就上哪兒去吧！」

就這樣，這人又從修道院裡被趕走了。

你或許會覺得這故事太誇張，但故事主角的遭遇絕非特例。因爲過度誠實而惹上麻煩、讓自己吃上苦頭的相似例子，在現實生活中隨處可見。

舞蹈家鄧肯是十九世紀最富傳奇色彩的女性，天生熱情浪漫外加叛逆的個性，使她成為反對傳統婚姻和傳統舞蹈的前衛人物，在當時備受矚目。

她小時候性格更是純真，常坦率得令身邊的人發窘。

一年耶誕節時，學校舉行慶祝大會，老師一邊分糖果、蛋糕，一邊說：「看啊！小朋友們，聖誕老人替你們帶來了什麼禮物？」

鄧肯馬上站起來，嚴肅地說：「世界上根本沒有聖誕老人。」

老師雖然很生氣，但還是壓住心中的怒火，改口說：「相信聖誕老人的乖女孩，才能得到糖果喔！」

想不到鄧肯接著回答：「我才不稀罕糖果。」

老師勃然大怒，處罰鄧肯坐到教室前面的地板上。

這個故事裡，鄧肯還是個孩子，老師再怎麼生氣，頂多只是稍微處罰她便了事。但如果換成一名公司職員拆老闆的台，讓老闆難堪，恐怕就眞得吃不完兜著走了。

如果講實話會造成對方的難堪，或者對自己造成妨礙，那就該暫且忍耐，甚至不說也罷。在社會上打滾，必備的保身秘訣之一，就是看臉色、看場合，審愼思考後才說出最合適的話。

說真話不如說好聽的話

真誠待人固然沒錯，但是，在說老實話前要好好動動腦筋，更不可忘記分清場合，找準時機。

無論一個人身處在什麼樣的位置，也無論在何種情況下，都喜歡聽好話，喜歡受到別人的讚揚。

的確，各行各業的工作都很辛苦，能力雖然有大有小，仍免不了會希望付出的努力得到他人和社會的承認，此乃人之常情。

察覺別人有被誇讚的渴望，你會如何回應？

聰明的人，必然順水推舟，即使覺得對方表現不好，也不會直言相對。生性油滑、善於見風使舵的人，則會阿諛奉承，大拍馬屁。那些耿直的人，此時就大大吃虧了，若是實話實說，潑對方一盆冷水，必然給人留下壞印象，破壞了自己的人際關係。

有鋒芒也有魄力，並在特定的場合加以顯示，是有必要的。但這個尺度必須拿捏好，如果太過，不僅刺傷別人，更會損傷自己。

說眞話並不一定討好，是加分或者扣分，取決於時機與方式，不能一概而論。

換一個角度，我們會看到，個體行爲的基本規律必定是趨利避害。

可以設想，如果某甲對別人的優點總是直言不諱，人們必定認定他是一個值得信賴的好人，樂於與他深交，並在人前人後誇讚他，某甲將因此感到快樂和自豪。也就是說，某甲的直言爲他贏得了報償，帶來了好處，那麼，他又何樂而不爲呢？

但是，如果某甲對別人的種種缺點也同樣直言不諱，結果就不會是人人稱讚、人見人愛了。

小雲認為同事小敏的衣服搭配得難看，便馬上對她說：「腿短又粗的人，根本不適合穿這種裙子。」

小雲的出發點其實是好意，說話方式卻十分不得體，只見小敏臉一沉，轉頭就走，從此再也不跟她打交道。

小雲確實是說了實話，但一點也不受歡迎。

「待人眞誠，實話實說」，這是前人留下的做人準則，要求人們用這種態度處世。可是，隨著時代的發展、社會的變遷，許多事情都在逐漸地複雜化，承襲自過往的規準有了革新、調整的必要。

眞誠待人固然沒錯，但是，在說老實話前要好好動動腦筋，不可忘記分清場合，找準時機。

管好自己的嘴巴，看場面說話

該說話的時候，場面話絕對不能省，但是必須掌握好尺度，管好自己的嘴巴。要說，就說最貼切實際的場面話。

有句俗話「見人說人話，見鬼說鬼話」，清楚點出了一個事實——擁有看人說話的本事，非常重要。

與智慧型的人說話，要有廣博的知識；與學識淵博的人說話，辨析能力一定得強；與善辯的人說話，沒有必要囉囉嗦嗦。

與上司說話，要把話說到他心坎裡去；與下屬說話，必須讓他們感覺到你的慷慨大度。別人不願意做的事情，不要勉強；別人喜歡做的，給予大力支持；別人喜歡聽的話要多說；別人不喜歡的則少說，甚至乾脆不說。

做到以上幾大項，就算是懂得看場面說話。

漢高祖劉邦滅楚、平定天下之後，開始對手下臣子論功行賞，此時就出現了彼此爭功的現象。

劉邦認為論功勞以蕭何最大，封他為侯最合適不過，給他大量的土地也屬應該，誰知其他人卻不服，私下議論紛紛，都說：「平陽侯曹參身受十二次傷，而且攻城掠地最多，論功勞絕對最大，理所當然該排第一。要封地，他也應該得最多。」

劉邦心裡知道，封賞問題不容易解決，免不了要委屈一些功臣。自己對蕭何是偏愛了一點，可是，心目中，蕭何確實應當排在首位。偏偏身為皇帝，又無法將這個想法明言。

正當為難之際，關內侯鄂君揣摩出了劉邦的心思，不顧眾大臣反對，上前厚著臉皮說起了言不由衷的場面話：「群臣的意見都不正確，曹參戰功雖大，攻城掠地很多，但那只不過是一時的功勞。皇上與楚霸王對抗五年，丟掉部隊、四處逃避的事情時有發生，是蕭何適時從關中調派兵員，及時填補戰線上的漏洞，才保漢軍不受太大的損失。」

「楚、漢在滎陽僵持了好多年，糧草缺乏之時，都靠蕭何轉運糧食補充關中所需，才不至於斷了糧餉。再說，皇上曾經多次逃奔山東，每次都是因為蕭何，才使安危無虞。論功勞，蕭何當然最大。」

「現今，即使少了曹參，對王朝又有什麼影響呢？難道我們漢朝會因此而滅亡嗎？為什麼你們認為一時之功高過於萬世之功呢？我主張蕭何排在第一位，而曹參居次。」

劉邦聽了關內侯鄂君的話，自然非常高興，因為這番場面話，完全說到了他的心坎裡去，連忙說：「好，好，就這麼定了。」

關內侯鄂君揣摩出劉邦想封蕭何爲侯的心思，順水推舟、投其所好，專挑好聽的話說，自然得到劉邦的歡心。因爲這番話，鄂君被劉邦封爲「安平侯」，封地超出原來的一倍。

看場面說話的重要作用，由此可見。

試想，假如關內侯鄂君沒有趁機將場面話說出去，劉邦之後會給他封侯、擴大封地面積嗎?答案絕對是否定的。

所以說，該說話的時候，場面話絕對不能省，但是必須掌握好尺度，不能太不切合實際。

有人認爲說場面話是一種可恥的行爲，是對說出去的話不負責的表現。這種說法雖有些道理，但太過份理想化，畢竟身處現代社會，不說場面話確實寸步難行，恐怕還免不了受排斥。

場面話還是要說，只是在說之前務必考慮清楚，管好自己的嘴巴。要說，就說最貼切實際的場面話。

親和力讓言語更具影響力

交談時，我們需要對他人表示出真誠的興趣，並關注他的一舉一動，尋找細節，作為切入點。

人們普遍希望自己擁有「親和力」，因爲這不但是渴望與他人親近、和諧相處的一種心理狀態，更可以說是做人最基本的要求。凡是期望擁有良好人際關係的人，無不竭盡全力讓自己更具親和力。

表現出親和力，既是使情感歸依的起因，同時也是激發人際交往的動力，它對平衡人類心理、克服勢單力薄的不足，有著非常好的調節作用。

憑藉著親和力，人能堅強且有力地在群體社會裡屹立。

人都有七情六慾，表現在情感上就是喜怒哀樂等情緒，感到喜悅或是悲傷的時候，往往急欲找人傾吐，因爲這樣可以得到理解與寬慰，也可以使自己的心靈得到寄託。總體來說，人類語言的親和力是多重的，並不是單一化的一種表現，甚至可說非常複雜。

那麼，該如何才能利用好自己的嘴巴，說出具有親和力的好話呢？

孔子曾寫道：「物以類聚，人以群分。」

古語也有句話如是說：「同聲相應，同氣相求。」

這兩句話，闡述的其實都是一樣的道理：個性氣質類似的人，彼此之間比較容易相處與親近。

因此，期望提高語言親和力，可以嘗試用一些方式與他人配合，讓他人感覺到我們確實可以親近與信賴。

這樣的技巧，可透過以下幾種方式展現：

- **配合別人的感受方式**

每個人都會透過自己習慣的方式來感受這個世界，並與他人進行交流。包括視覺、聽覺、觸覺、味覺、嗅覺在內的五感，一般來說，前三種用得比較廣。不同的人，傾向使用哪個感官，也是不相同的。

所以，人可以由此分成三大類：視覺型、聽覺型與觸覺型。

普遍來說，視覺型的人節奏較快，說話很快，思考也很快，喜歡閱讀圖表，而且行動力強。聽覺型的人喜歡比較有秩序的生活，說話較慢但很有條理，熱衷於交談與聆聽，行動力稍次。觸覺型的人很重視感覺、愛好舒適，說話時，多不會緊盯對方，速度也比較慢。

知道了這些之後，與別人交談的時，就可以觀察一下對方是什麼類型，迎合他的特性，說出比較可能引起興趣的話，以此增加彼此間的情分。比如，對說話速度極快的人，要強調行動與成果；對說話時要分成一、二、三個要點的人，強調邏輯與條理；對於慢吞吞的人，則多談談某種產品會帶來什麼樣的感受。

還沒有分辨出對方是什麼類型的人，就貿然張口說話，說得好，對方可能會繼續與你交談下去，要是說得不好，對方可能會轉身離去。一般情況下，第二種情況發生得更多。

因此，與人交談之前，請一定要注意用用腦子，看清楚對方是什麼類型的人，然後再張口說話。

・配合別人的興趣與經歷

成功關係大師戴爾・卡內基的著作《人性的弱點》，在銷量上，被稱爲僅次於《聖經》的超級暢銷書。

他在書中就寫道：「我們要對他人真誠地感興趣，聆聽對方的談話，就對方的興趣來展開話題，並且鼓勵他人談論自己。」

交談時，我們需要對他人表示出眞誠的興趣，並關注他的一舉一動，尋找細節，作爲切入點。

開口說話前，一定要做好準備，防止說出不該說的話、流露出不該有的表情。說話是一門藝術，比須仔細拿捏。

‧使用「我也」的句子

如果對方的經歷或見解中，有跟你類似的部分，不妨多使用一些特定短語，拉近彼此的距離，像是「我也……」。

例如：「啊！你去過日本北海道嗎？我也去過呢！是去年七月的事了。您是幾時去的呢？」

「想不到你也認同『愛就是要給對方自由』，跟我一樣。」

「您同意產品的品質是最重要的，對吧？我們公司的理念也是如此。因此，您大可以比較一下我們的產品和其他同類產品，相信優劣立辨。」

根據以上這些方法，巧妙說話，你的語言親和力自然能在不知不覺間得到建立。

讓絃外之音傳遞真正的涵義

巧妙地把話說婉轉些，試著讓「絃外之音」代替直接的攻擊或責備，往往能夠有效降低傷害。

與人交往，必得善於聽出對方的弦外之音，領會他想要傳達的言外之意。抓出對方的絃外之音，是最奧妙的人際關係操縱術。

會說話的人，大都話裡有話，一語雙關，精明之人無需多言直語，就會讓你心裡明明白白。無論說話的人是不是故意暗藏玄機，聽話的人都必須搞清楚對方的眞實意圖，方能恰當應對。

腦子不清，耳朵不靈，一定會多遇難堪。話中有話、旁敲側擊是聰明人的「遊戲」，笨人玩不了。

腦子不靈光，說不好話，煞風景自不必說，成爲笑柄更是常有的事。

話中有話、旁敲側擊，既重視策略，更重視隱含之術，較躲閃更爲主動、更爲巧妙，屬於高超的人際交往手段，更是聰明者才能駕馭的玄妙功夫。

話中有話，旁敲側擊的說話方式，可透過以下方式展開：

• 側面點撥

所謂側面點撥，是指從側面委婉地點撥對方，不要直言告訴他，讓他恍然大悟自己的錯誤，從而打消失當的想法。

這個技巧，往往會藉問句的方式表達出來。

張傑與劉強是同事，也是相當好的朋友，彼此都視對方為知己。

某日，同在一間公司的一位同事趙磊，突然對張傑說：「張傑，我認為劉強這小子對很多事情都太認真了，簡直到了頑固的程度，你覺得呢？我說得沒錯吧！」

張傑聽到趙磊的話之後，心中頓時產生反感情緒，心想你明明知道我跟他是好朋友，還這樣問我，分明就是要我難做人，可是，又實在不好發作，只好假裝一本正經地反問道：「趙磊，先問你一個問題，如果我在背後和人一起議論你的缺點，你知道了，會不會和我反目成仇呢？之後又會怎麼看待我這個人呢？」

趙磊一聽，臉「刷」地紅了，不再吭聲。

張傑使用的就是委婉點撥技巧，也就是側面點撥。面對趙磊的發問，他並沒有直接回答，而只是把話題轉到另一個角度，出了一道難題，產生點撥對方的作用，既表明了「劉強是我的好朋友，我不會和你一起議論他」，又隱含了對於趙磊在背後議論、貶損別人的不滿。最重要的一點，因為這種說法比較委婉含蓄，所以不會讓對方落得太難堪的局面，不至於造成太大傷害。

• 類比警告

警告，就是指透過兩種具有某一個相似點的事物來做比較，從而達到暗示或警告對方不當言行的效果。

某公司的經理人張亮，在參加一次業務談判之時，遭到了另一家公司員工李某的頂撞。

會後，張亮怒氣衝衝地打電話找李某公司的經理，抱怨說：「如果你們不能向我保證撤銷頂撞我的那個蠻橫無禮的工作人員的職務，就代表了貴公司根本沒有達成協議的誠意。」

想不到李某公司的經理聽後，只一笑地說：「經理先生，對於敝公司工作人員的態度問題，究竟該給予什麼樣的懲罰，這應該是我們的內部事務，沒有必要向貴公司做任何保證吧？」

「換個角度想，如果今天是您的公司員工與我方產生衝突，我方強硬地要求撤換，你們得知後，又會有什麼樣的感覺呢？對手下人員的懲戒是一個公司的內部事務，我不認為與誠意有任何關係。」

張亮聽完這番話，雖然不高興，也只能接受。

在這裡，李某公司的經理，巧妙地使用了類比警告的技巧，讓對方明白了一個道理：無論兩間公司有多少相同或不同的地方，有一件事情都是絕對的，就是對於內部工作人員或經理的處分完全自主，不應該受到干涉，也跟是否具備誠意沒有任何直接關係。

把話說好是一門學問，可以透過很多不同途徑，達到同樣的目的。反駁對方時，巧妙地把話說婉轉些，試著讓「紘外之音」代替直接的攻擊或責備，往往能夠有效地降低傷害。

用幽默的話語表達抗議

希望人際關係順暢，左右逢源，置人於死地的事就不要做，讓人無地自容的話更不要說。

這個社會，就像個複雜的大家庭。

生活在其中，我們總會有意無意地遇到一些不平之事、不公之人，卻又不能明白地表達心中的不滿。

如何表達不滿情緒是一門學問，特別是對於一些非原則性的問題，必須做到既表達出對對方的不滿，又不至於破壞和諧的人際關係。

這並不容易，但既然我們希望在人際互動中取得好結果、塑造出好形象，就一定要如此要求自己。

技巧表達心中的不滿，可透過以下兩種途徑：

・柔性敲打

柔性敲打，即在警告對方的時候，避免一定的衝突，借用另一種說話方式表達自己的不滿。

有一些女孩子爲了顯示自己有個性，會經常、刻意地生男友的氣，如果這個女孩又是父母的掌上明珠，或是備受兄長疼愛的妹妹，必定更不能容忍他人對她的抱怨與不滿。

可能會有一部分癡情的男孩子，因爲某一句無心的話引起女朋友心中的不快，怕得罪自己的「小公主」，忙不迭地向她賠禮道歉，甚至還會爲了所謂的原諒而貶低自己，以表示對戀人的忠貞，其實大可不必。

這種時候，就是柔性敲打派上用場好時機。

小麗是某公家機關局長的千金，和任職某公司的小李談戀愛時，總是顯示出自己在許多方面的優越感。可能是因為小李出生在鄉下，是個農家子弟，沒有什麼背景，小麗總感到不太滿意。

有一次，小麗到小李家做客，對小李家人的某些生活方式流露出不滿，還不斷地嘀嘀咕咕地發牢騷，吃過晚飯後，甚至直接使喚小李的妹妹，當作自家僕人看待。

小李心裡很不是滋味，但也不宜直說，便藉這個機會，笑著對妹妹說：「要當師父前，先當徒弟嘛！妳現在可得加緊培訓一下呀！將來等妳嫁到別人家裡，也可以擺起師父的架子來了。」

小麗也是聰明人，從小李的話中聽出了他的本意，立刻一改臉色，收斂起自己過分囂張的口氣與行為。

小李的做法，就是在恰當的時機，使用柔性敲打的方式，表示對小麗的不滿。他只用一句「要當師父，先當徒弟」的俗話來提醒小麗，避免了一場可能爆發的直接衝突。

如此表達自身的不滿，不失爲一種好辦法。

•幽默式提醒

幽默可作爲人際關係中的一種潤滑劑，在一定的時機，用來表達自己對對方的不滿，能避免衝突難堪，效果相當不錯。

有這樣一則小故事，相當有意思：

在一間飯店裡，一位非常喜歡挑剔的女人點了一份煎蛋，然後斜眼看了看女侍者，尖聲尖氣地說：「我喜歡的煎蛋，要求蛋白全熟，蛋黃是生的，而且還能在裡邊流動。不能用太多的油去煎，鹽放得稍微少一點，還要加一點點的胡椒。」

頓了一下，她接著又說道：「不僅如此，蛋本身必須完全新鮮，而且是鄉下母雞生的。」

女侍者聽完這些話之後，微微一笑，溫柔地問說：「原來是這樣，我了解了。那我想進一步向您確認一下，那隻母雞的名字叫阿珍，不知道能否適合您的心意呢？」

這個小故事中，女侍者使用的就是幽默式提醒技巧。

面對愛挑剔的女顧客，侍者並沒有直接表明對對方所提要求的不滿，而是以其人之道還治其人之身，依照對方的思路，提出一個更加荒唐的可笑問題，藉此提醒對方：我們難以滿足您過分的要求。

對懷有惡意的人，不必拚個魚死網破，適時打草驚蛇就可以了。

希望人際關係順暢，左右逢源，置人於死地的事就不要做，讓人無地自容的話更不要說。

切記，要做一個「內方外圓」之人，會說圓場話、會聽弦外音，就可以在社交活動中優遊自在、遊刃有餘。

多說別人愛聽的話

想要使他人喜歡你，對你產生興趣，可以嘗試談論別人感興趣的話題，即使自己根本毫無興趣。

每個人都有自己感興趣的事物或話題，在與人交流過程中，不妨主動迎合對方的興趣，積極地爲他人送上一頓「美味大餐」，相信這樣更有助於彼此建立感情、達成共識。

凡到過牡蠣灣拜訪過美國總統羅斯福的人，無不對他所表現出的廣博知識感到驚奇。無論對象是牧童，獵騎者，還是一位外交家，羅斯福都知道該和他談些什麼。

你必定感到好奇，羅斯福是如何做到這一點的？

答案很簡單，接見任何一位來訪者之前，他都會利用前一個晚上了解對方的出身背景，閱讀對方可能特別感興趣的資訊，以便找到能引起雙方共鳴的合適話題。

羅斯福和所有的傑出領導者一樣，懂得與人溝通的訣竅——談論別人最感興趣的事。任教於耶魯大學的費爾普教授，早年也有過相關體驗。

「我八歲那年，有一個週末，前去探望我的姑母，並在她家小住。」費爾普在一篇關於人性的文章中寫道：「一天晚上，一個中年人來訪，與姑母寒暄之後，便將注意力投注在我身上。」

「當時，我正巧對船很感興趣，這位客人便開始與我談論與船相關的話題，我們聊得非常開心。」

「他走後，我對姑母說，他是一個多麼好的人哪！竟然跟我一樣，對船如此感興趣！想不到，姑母告訴我說，那人是一位紐約的律師，其實對與船相關的知識毫無興趣。」

「我感到大惑不解，忍不住追問道，既然如此，他為什麼從頭到尾都在與我談論船的事情呢？」

要說就說別人愛聽的話

在說話前必須考慮清楚，用腦子想想再說，「投其所好」，說別人愛聽的、順耳的話。

場面話不可缺少，如何把它說好，則是一門學問。

你是否有自信，在與人交流的過程中，抓準對方的喜好，合宜且不失時機地說出對方愛聽的話？

現代社會裡，即使最簡單的事情，也少不了不同個體彼此間的親密合作，而合作的基礎，正是彼此的相互了解。

此時，語言就成了聯繫雙方不可或缺的最主要橋樑。

「說話」在人類社會交流中，被當作是一種最有效工具，無時無刻不被應用。你

「姑母告訴我，因為他是一位高尚、隨和、體貼的人，見你對船感興趣，所以刻意地談論相關話題。這麼做，不僅能夠使你開心，同時也有助於讓他更受人歡迎。」

最後，費爾普說：「我會永遠記住姑母的話。」

另外還有一則相近的故事，也強調多說別人感興趣的話題。

杜佛諾是設在紐約的一家麵包公司，為了拓展生意，老闆杜佛諾先生想盡辦法，企圖將生產出的麵包賣給位在紐約的一家旅館。

為此，長達四年時間，他每星期去拜訪一次這家旅館的經理，參加這位經理所舉辦的各種交際活動，甚至頻繁地投宿於旅館內，以期得到買賣，但總是無法如願。

杜佛諾先生說：「後來，在研究人際關係之後，我決定改變過往死纏爛打的做法。我先要找出這個人最感興趣的是什麼，又有什麼樣的事情能引起他的關注。」

「後來我打聽到，他是美國旅館招待員協會的會員，而且熱心於成為會長，甚至還想成為國際招待員協會的會長。不論大會在什麼國家、什麼地方召開，他都會興致勃勃地參加。」

「第二天，遇見他以後，我主動談論起旅館招待員協會的事。他的態度立刻有了一百八十度的轉變，足足對我講了半小時，聲調裡充滿熱情。我可以清楚地感受出，這確實是他很感興趣的業餘愛好。在我離開他的辦公室以前，他勸我也加入協會。」

「這次談話，我根本沒有提到任何有關生意的事情，但幾天以後，那家旅館中的一位經理打電話給我，要我帶著貨樣及價目單去。『我不知道你對那位老先生做了些什麼事，』在電話裡，那位經理對我這麼說，『但他真的被你給搔著癢處了！』」

「我對這人緊追了四年，若不是因為找出了他真正感興趣的東西，從正確的方向切入，恐怕我依舊一無所獲。」

如果你想要使他人喜歡你，想讓他人對你產生興趣，可以嘗試談論別人感興趣的話題。切記，即使自己根本毫無興趣，也要盡力迎合，如此將能使自己成為一個受歡迎的人。

所說出的每一字、一句，都可能影響未來。

人人都會說話，但眞正說得好的人，恐怕屈指可數。

不少人認爲寫文章很難，實際上，說話比寫文章更難。文章寫得不好還可以修改，但話說得不好，卻會釀成大禍，而且說出去的話等於潑出去的水，無法修改，也無法收回。

有一則笑話，是這樣說的：

一個主任要召集委員開會，為此他廣發通知，想不到等到開會的時間，準時到場與會的只有三個人。

見狀，他歎氣道：「唉！怎麼會這樣？這些人的時間觀念也太差了吧！真是的，該來的都不來！」

到場的一個委員聽了這話後，感到很不舒服，心想：該來的都不來，難道我是那個不該來的人？

他馬上起身，悄悄地離開了。

那名主任見狀，喊道：「搞什麼？不該走的又走了！」其餘的兩名委員聽了這句話後，心中十分不悅，誤認為自己才是該走的人，於是一氣之下，又全走了。

由此可見，說話不當，不但不能達到目的，還會得罪人。這則故事，給了我們一個相當好的啟示：在開口前必須考慮清楚，用腦子想想再說，「投其所好」，說別人愛聽的、順耳的話。

留點面子，更好過日子

不要隨便地踐踏他人的尊嚴，在公開場合給別人留足面子，要比自己死要面子強上百倍。

路不要走絕，話不要說死，給別人留餘地，等於給自己留一個轉圜的空間，千萬不要一下子就把別人和自己都逼到牆角。

既然佔了上風，就讓彼此都有台階下，千萬不要不留顏面。

社交過程中，免不了會遇到形形色色的人，雖然不要求自己眞心去喜歡他們當中的每一個，但至少要懂得爲他人留面子。

大家都不是傻瓜，你爲他留面子，他自然也會投桃報李，給足你面子。以這種態度相處，對彼此都有好處。

與人相處，若雙方意見不統一，難免會產生口舌之爭。會做人的人，不會讓這種爭執破壞友誼，他們總是以和為貴，進而贏得別人的好感，提高自己在他人心目中的地位，人緣自然更加穩固。

現實生活中，過分以自我為中心的人，只以自己定下的標準去判斷事物的是非對錯，當別人述說某種感覺、態度和信念時，他們會立刻做出獨斷的判定，因而容易與人產生爭論，導致嫌隙。

爭論產生後，大多數人都會竭盡全力地去維護自己那些並不全面、不成熟的觀點，對根本沒有必要深究的問題，給予太過「隆重」的對待，因而更激化矛盾。

這種時候，不妨冷靜下來，站在他人的立場考慮一下問題的實質，而後你必定會領悟一個深刻的人生哲理：狂風暴雨般的唇槍舌箭過後，我們能得到的絕對不比失去的更多。

不理性的爭執之後，友誼將出現裂痕，彼此將日漸疏遠，更可怕的是，你又多了一個「敵人」。

俗話說「多個朋友多條路，多個敵人多堵牆」，實在一點不錯。敵人樹立後，還想要再獲得助力，可就難上加難了。

成功大師卡內基曾說過一句名言：「你贏不了爭論。要是輸了，當然你就輸了；可是就算辯贏了，你還是輸。」

請這樣告誡自己：與人爭論，並不是在向人顯示自己的威風，確認自己的口才，而是在樹立「敵人」，即使獲得勝利也沒有太大意義，不過證明了你並不是一個會做人的人，如此而已。

會做人的人，遇到此類事情時總會留一手，即使自己的口才出類拔萃，也不願與人爭論。若迫不得已被捲進爭論中，甚至甘願當個失敗者，避開鋒芒。

爭論對雙方來說，沒有任何好處，與人發生爭執時，不妨努力使自己去了解對方，給他人留足面子。

切記，爭論無益於感情，最終產生的結果只有兩種：一是越來越堅信自己所持觀點的正確性；二是基於面子，即使意識到自己錯了，出於維護自尊的心理，仍不肯低頭認輸，使雙方距離越拉越遠，情誼破裂。

普天之下，有一種人人緣最好，就是時刻爲他人留足面子，並願意在爭論中自動低頭認輸的人。

班傑明．富蘭克林曾說：「老是抬槓、反駁，也許偶爾能獲勝，但那是無謂的勝利，因為你永遠得不到對方的好感。」

每個人都有一種發自內心的優越感，總將自己的優越性，帶進與人相處的社交當中，引來一些不必要的麻煩。

偶爾會有些人願意主動承認錯誤，克制優越感，卻擔心被他人稱爲「懦夫」、「膽小鬼」或「弱者」。

這種看法完全錯誤，應該告訴自己，退讓並不是懦弱的象徵，而是一種難能可貴的、値得稱讚的美德，不僅是精神上的超越，更是在人際互動上取得輝煌成就的前兆。

「認錯」雖是簡單行為，眞要做到卻相當困難，究其原因，是缺乏自我反省的勇氣，以及內心的「自我權威」感過分作祟。

消滅過分的「自我優越」並不是一件多困難的事情，首先，要求在與人交際過程中，爲他人留足面子。

當所有人都對你沒有好感時，就要反省自己是否太愛與人爭論，以致於造成不受歡迎的尷尬局面。千萬別等到已經徹底被衆人所孤立才幡然醒悟，那時已經太晚。

佛經裡有句話說「恨不消恨，端賴愛止」，意思是告誡人們，與人爭吵並不可能消除誤會，只有盡量讓自己去了解對方，在爭論中適度退讓，給別人留足面子，才可以讓自己的「人氣」更旺。

美國總統林肯曾經斥責一位喜歡和同事爭吵的青年軍官，對他說道：「任何有決心、有成就的人，都不會將時間耗費在私人爭執上。爭執的後果是失去自制能力，絕不是你能承擔得起的。要在跟別人擁有相等權利的事物上，多讓步一點。與其跟惡犬爭道，被狠狠地咬一口，倒不如讓牠先走。畢竟，就算事後將牠殺死，被咬的傷口依舊存在。」

的確，任何人都承擔不起爭論的後果，因此，我們更應該嘗試著努力去做的，是防微杜漸，避免爭論。

有效避免爭論，無疑是一個亟待解決的問題。事實上，學會「給他人留面子」，就等於成功了一半。

現實生活中，許多人都領教過與人爭吵的苦，「吃一次虧，長一點智慧」，與人交往時一定要懂得這一點。不必隨時想要向對方顯示你的口才，也不要隨便地踐踏他人的尊嚴，在公開場合給別人留足面子，要比自己死要面子強上百倍。

讀懂人心是成就事業的第一步

若是光從自己的角度思考，而不站在客戶的立場考慮，那麼將不會得到對方的信任，更無法成功。

任何工作，只要和販賣商品扯上關係，不管是實質的貨物，或者抽象的知識，都少不了「攻心」之計，廣告的氾濫，就是最好的見證。

在公司所有的部門中，業務部門的辛酸大概是數一數二的。要如何讓別人心甘情願掏出錢來購買自己的商品，實在是一大學問。他們常常得低聲下氣看人臉色，有時還要裝出一副可憐樣博取同情，當然不乏有更惡劣的恐嚇、暴力手段，但是不管是哪一種，都非長久之計。

范伯先生是電力公司的員工，有一次在賓夕法尼亞進行業務考察，發現當地用電的人數不多，不禁好奇地問區代表為什麼會有這樣的情況發生呢？

「他們全是一群守財奴，而且無法接受新的事物。」區代表以厭煩的語氣回答這個問題：「你不可能讓他們花錢買下任何東西，相信我，我已經試過很多次了。」

范伯先生聽完後並沒有因此感到灰心，當他經過一家整齊的農舍時，決定要上前推薦用電的好處。這時，區代表在旁好心地提醒：「你確定要這樣做？他們對電力公司沒什麼好感喔！」

一陣敲門聲過後，農舍的主人羅根夫人將門打開了一小條縫隙，卻沒有邀請他們進去的意思。當她一聽對方來自電力公司，便當著他們的面將門「碰」一聲地關上。

范伯先生不放棄，再度敲門，過了許久，羅根夫人再次打開門來。她這一次嚴肅地告訴范伯先生：「不用說了，我絕對不會買你們的電！」

「我發現妳養的是一群很棒的都敏克雞。」范伯先生沒有提及有關電力的事，本來想關門的羅根夫人聽到這句話愣了一下。

「我從未見過比牠們更好的雞，我想買一籃雞蛋。」范伯繼續說著。

羅根夫人驕傲地走出門來，態度也溫和了許多：「當然囉！這些雞都是我親手養大的，牠們是最好的。」

接著羅根夫人帶著大家去參觀她的雞舍，並一一做介紹。范伯先生發現旁邊還有一個牛棚，就對羅根夫人說：「我敢打賭，妳一定可以用妳的雞賺錢，甚至賺得比你先生的牛還要多。」羅根夫人高興地點了點頭，不過，她告訴范伯先生，自己的丈夫並不承認這一點。

之後范伯先生告訴羅根夫人在雞舍裝電的好處，介紹了幾種飼料及溫度調節後可以增加雞蛋產量的例子。在兩人開心的討論下，兩個禮拜後，羅根夫人的雞舍裝上了電燈，而雞群也不負眾望產下更多的雞蛋，鄰居們見了，也跟著裝上電燈。

就這樣，不僅羅根夫人的訂單增加，范伯先生也得到更多的顧客。

做生意最重要的一點並不是商品的優劣，而是必須給予消費者好感。只要是想做生意賺錢，就不能少了關懷和幫助別人的心。先了解別人的需求，再對症下藥給予建議，自然而然可以卸下對方的心防，完成交易。

范伯先生並沒有開門見山推銷商品，也沒有批評對方是守財奴、食古不化、不肯接受新知，他的方式是認同對方的成績，讚美他的優點並給予鼓勵。只要讓人感受到你是出自眞心的關懷，對方的態度就有軟化的空間。

當然，還有另一類賺錢的方法，那就是施以小利。就像直銷盛行的現代，明明知道這一行必定要看人臉色，可是還是有許多人一窩蜂地往裡面跳，因爲它標榜的是「消費者也能當老闆，邊使用邊賺錢」。

抓住人性，才是成功之道。若是光從自己的角度思考，而不站在客戶的立場考慮，不僅不會得到對方的信任，更無法得到成功。

與人溝通要懂得投其所好

每個人都有機會表現自己，也有更多要讓步求全的時候。對此不必懷抱不滿，因為在成功之前，首要學習的正是犧牲和退讓的睿智。

所謂「投其所好」，並不是要我們表現出諂媚迎合的阿諛態度，而是要我們明白溝通圓融的要訣。

因爲，很多時候能夠技巧性地正中對方的下懷，才有助於彼此繼續交流討論的意願，也才能更進一步地讓我們規劃許久的目標，在最好的溝通氣氛中，找到最佳的推展時機。

歷史學家指出，以「變法革新」留名青史的商鞅，事實上最初所提出的變法主張，並非今天所留傳的內容。

商鞅初到秦國時，雖然秦孝公正雄心勃勃地想要重振霸業，更積極地想收復失土，然而備受禮遇的他，在拜謁孝公時卻大談堯、舜時期的「帝道」。對於這些沉悶又乏味的陳腔濫調，秦孝公一點興趣也沒有。

最後，秦孝公猛打瞌睡，事後還責怪推舉的景監說：「你推薦的那個人哪有什麼才智？根本只是個好說大話的人！」

無端挨罵的景監一看見商鞅便惱怒說：「你到底對大王說些什麼啊？」

商鞅說：「我很用心地進獻帝道，可是大王怎麼也無法領會。」

五天之後，商鞅再一次面見秦孝公，這一次他將帝道好好地修飾了一番，但還是無法打動秦孝公的心。

當然，景監再一次被秦孝公指責，這也讓他對商鞅的怒火越燒越大了。

雖然商鞅解釋道：「我向國君推薦了夏、商、周三朝的治國之道，不過他仍然不肯接受。這樣好了，請您再幫我一次，這一回我一定會讓大王滿意的。」

景監嘆了口氣，無奈地說：「好吧！不過，你要記住一點，你如果再提不出良策，我恐怕也玩完了！」

這一次，商鞅果然與秦孝公談得十分投機。雖然秦孝公並沒有表示要任用他，但是口氣已經緩和許多。他對景監說：「你這個客人還可以，有機會再聊聊。」

景監一聽，開心地問商鞅提了些什麼意見，商鞅說：「我只是和君王聊了些春秋五霸以武力強國的道理。看來大王對此相當感興趣，如果我能夠再和他見面一次，我很有把握能讓君王重用我。」

於是，景監又安排了一個機會給商鞅，這回商鞅果然如自己所預期的，與秦孝公對談融洽。這一次，他們還徹夜長談呢！

這個結果令景監十分好奇：「商鞅，你和大王說了些什麼啊？」

只見商鞅笑著說：「大王希望國家能夠早一點富強起來，因此我向他進獻強國之策，他聽得十分開心。」

不久，商鞅終於被秦孝公重用。在他掌握實權大行變法革新之後，秦國很快地晉升富強之國。

從帝道論述到富國之術，原先不被看好的商鞅慢慢地修正自己的腳步，也慢慢地探測秦孝公心中眞正的想法。

這個過程對於想一展長才的商鞅來說，是個非常重要的調整步驟。如果他一味地堅持帝道哲學的論述，忽略了掌政者對於國家目前方向的期望，那麼無論他提出的方針多麼崇高宏觀，對秦孝公來說不僅過時而且不切實際。

所幸，觀察敏銳且悟性甚高的商鞅，幾經修正與試探之後，終於掌握住秦孝公的期望。於是他爭取到最後一次機會，也讓孝公對於國家富強的積極行動計劃充滿了興趣與期待，進而願意延攬他，成爲秦國拓展國勢的重要大臣。

從故事中，我們看見一個思考靈活的智者，他不拘泥於正統的學識研究，而是能將所學大膽地加以變化。

他懂得深入了解對方的需求，更知道要調整計策正中對方心懷。如此一來，他的計劃才能夠眞正地獲得實踐的機會。

對於努力尋求伯樂賞識，使才能得到支持與表現的人，看見了商鞅的變通之後，是否也得到了一些啓發呢？

在這個競爭激烈的現代社會中，每個人都有機會表現自己，然而也有更多要讓步求全的時候。對此，不必懷抱不滿，因爲在成功之前，首要學習的正是犧牲和退讓的睿智，一如商鞅的成功模式。

沉默是為了等待最佳的發言時機

許多心理高手面對競爭激烈的環境，保持沉默降低對手的防備，看似退讓或接受，其實暗藏積極行動的企圖心。

不能謹言慎行，當然會一再地遇見麻煩，不能按捺自己的情緒，人際間的口角風波當然會一再地上演。

當我們生活在這些麻煩與口角爭吵之中，日子會快樂嗎？

「沉默」常伴隨著「忍耐」。沉默不是害怕的表現，在很多時候，更代表著一個人的修養風範，也隱含了靜思後再審慎發言的智慧。

曾經有一位準備退休的印刷業老闆，在脫售公司各種事務機器時毫不遲疑，唯獨對一組從美國原裝進口的印刷機器割捨不了，因為這組生財工具當初花了他好幾百萬美元的成本。

老闆仔細地看了看機器，心想：「這組設備還很新，除了有些小磨損，其他功能仍然極佳。雖然已是二手貨，不過應該還有二百五十萬美元的價值！」

幾經估算，老闆決定以這個價錢出售：「二百五十萬美元，不二價！」

消息一傳出去之後，許多同行的買家紛紛與他接洽，其中當然不乏一些要求減價的人。然而，態度強硬的賣方老闆說什麼也不願意降價。他說：「你們都知道機器的功能與印刷品質，這個價錢已經很合理了，你們可以比較一下目前市面上其他的印刷機器，許多新機的品質恐怕還不如這一台呢！」

不久有個挑剔的買家出現，他一進門，連售價都沒問，便滔滔不絕地批評起這台機器的缺點與不足，話鋒尖銳，幾乎快惹惱了賣方老闆。

正當老闆的情緒就要爆發前，忽然一個轉念：「算了，反正二百五十萬元的底價我是不可能退讓的，既然他不識貨，就隨便他說吧！」

按捺住情緒後，老闆始終不發一言，靜靜地看著那個人口沫橫飛地說著，直到他再也沒有力氣大聲說話為止。

停頓時，老闆還是沒有說什麼。沒想到就在這個時候，這個人居然說：「老兄，這台機器我只能付你三百五十萬元，再多就沒有了，你看如何？」

賣方老闆一聽，先是吃驚地看著他，領會之後，故意地裝作無可奈何的表情說：「好吧！成交了！」

所謂的「沉默是金」，並不是意味著完全不開口說話，更不是要我們成天板著面孔，態度冰冷地與人交往，而是要懂得抓對時機保持「沉默」，並學習選對時間、場合開口說話。

懂得適時適度地運用沉默，不僅是一種智慧，更是一種藝術。就像故事中的老闆，在隱忍與靜默的交易過程中，用沉默賺到了更多的回饋。

其實，許多心理高手最常使用的競爭技巧，正是「沉默」這張牌。面對競爭激烈的環境，他們保持沉默降低對手的防備，看似退讓或接受，其實暗藏積極行動的企圖心。眼前的沉默並不是因爲他們害怕或是退讓，只是他們比對手更懂得什麼叫作「伺機而動」。

我們都知道「言多必失」會帶來不必要的麻煩，更清楚話說得太快很容易引來不必要的危險。一旦少了大腦的深思熟慮，話多不但無助於人與人之間的溝通，反而更容易造成不必要的衝突。

因此，忍住你的脾氣，心中的目標既然已經決定了，就不必與人多起爭執。如果他們不滿意眼前的一切，不明白你的目標方向與計劃，那麼就不必再說什麼，因爲他們始終都不會明白。

退讓就是前進最好的橋樑

退讓是一種寬容的表現，也是與人相處不可缺少的橋樑，適時退讓會帶給自己前所未有的收穫。

在這個紛紛擾擾的時代，人與人之間充滿著爭執、衝突、競爭、交戰，就算你不惹人，別人也會來惹你，就算你不礙事，事情也會自動來礙你，甚至來得莫名其妙，躲都躲不掉！

不過，只要你懂得做人的訣竅，就會適時低頭做一些讓別人窩心，爲自己贏得美名的事情，順利化解這些困惱。只要你懂得做人的訣竅，說話辦事之時，就會考慮幫別人留些面子，有時候，甚至會故意禮讓別人幾分，讓自己表面上輸了，實際上卻是眞正的大贏家。

即使再堅強的人，內心都有一個脆弱的地方，需要一雙溫柔的手，輕輕地呵護、撫摸它。就算只有一個眼神、一句問候，都能成爲前進的能量。

索爾・胡洛克是一位古典音樂經紀人，也是美國最佳音樂經紀人之一，因為工作的關係，時常與藝術家有接觸，並曾擔任查理・亞賓的經理人三年之久。

查理・亞賓是個風靡一時的男低音，也是個問題人物，行為就像一個被寵壞的小孩，常常帶給別人麻煩，而且愛耍脾氣。胡洛克曾經語重心長地說：「查理・亞賓是個各方面都叫人頭痛的傢伙。」

某次查理・亞賓在演唱會當天中午打電話給胡洛克，抱怨道：「我覺得全身都不舒服，喉嚨就像被一塊碎牛肉餅卡住一樣，聲音沙啞又難聽，今天晚上我不想上台演唱了。」

胡洛克雖然不高興，但一句責備的話也沒說。他馬上趕到查理・亞賓居住的飯店，面帶憂傷，同情地說：「我可憐的朋友，你一定感到很難受，看來我必須馬上把演唱會取消，這樣做雖然會讓你損失個一兩千塊，可是跟名譽比較起來，這根本不算

小心脫口而出的話成為傷人的利刃

劈頭亂罵不僅會造成雙方的不愉快，甚至會在對方心靈上留下傷痕，即使結痂的傷口也會留下痕跡。

是否曾經感覺過，聽了某些人說話之後，總是讓人特別不舒服呢？其實，仔細想想，這些人的出發點並非惡意，只是他們表現的方式常常讓人無法接受。

說話的口氣，能表現出一個人的情緒與修養。有些人說話的語調總是特別重，像是在罵人，誤會也就因此產生。

也有些人，總是以刻薄的眼光來看事物，以批評代替溝通，如果再配上聲量和語氣，就會有潑婦罵街的情況出現。

古時候，有一個脾氣非常差的人，常常動不動就對人破口大罵，而且罵得非常難聽，絲毫不給對方留一點面子。

他有一個很特別的習慣，就是在吃東西時罵得最兇，邊吃邊吼，嘴裡的食物和著口水四處橫飛。僕人們最討厭服侍主人吃飯，只要他一吃東西，必定把僕人罵得狗血淋頭，甚至摔破碗盤、亂丟湯匙跟筷子，讓僕人疲於奔命地清掃，一天三餐，沒有一天不是這樣。

所有飯館的老闆都討厭他，但是來者是客，又不能把他趕出去，只好一再忍讓。有一天，一家酒店的老闆再也忍不住了，就在這個人酒足飯飽要離開之際叫住他：「我有一隻很優秀的狗想送給你，這隻狗跑得很快，而且擅長追捕獵物，把牠送給你真是再適合不過啊！」

那人帶著狗，就這樣一路走回家。回到家後，他又覺得肚子餓了，就要僕人準備飯菜。當他拿起筷子準備吃飯時，突然心血來潮要僕人把狗也帶過來餐桌旁，要狗兒陪他一起吃。

當碗放到狗面前時，狗並不急著吃，反而仰起頭，開始狂吠，叫過一陣子後，才低下頭吃飯，吃不了幾口，又開始亂叫。就這樣一邊吃一邊吠，只見食物噴得滿地都是，吃完後，這狗竟然還一腳把碗踢翻。

從此，主人坐在上面邊吃邊罵人，狗也在腳下亂叫，每一頓飯都會出現這樣的畫面。直到有一天，僕人忍不住笑了出來，他才發現原來酒館老闆用一隻狗來譏諷他，但自己卻始終沒有發現，白白成了大家口中的笑話。

當故事中的主人看著那隻亂叫的狗，是自傲於牠得到自己的眞傳，還是感到是種對自己的侮辱呢？

這個故事除了告誡我們要注意自己的脾氣外，更要隨時反省自己，以旁觀者的角度來了解別人如何看待自己，並從中找出需要改進的地方。

有些人習慣於用責罵來處理生活中的大小事，甚至沒有搞清楚狀況就劈頭亂罵，這樣不僅造成雙方的不愉快，甚至會在對方心靈上留下傷痕。

尤其是許多長輩對待晚輩，因爲有著濃厚的血緣關係，所以責罵起來更是不留情面。對晚輩而言，別人的辱罵尚可不予理會，但若連親人都如此對待自己，所造成的心靈上的傷痛必然很深，這個傷害絕對不是事後稍加關懷就可以輕易彌補的。

我們都知道，結痂的傷口也會留下痕跡，所以我們更注意自己的言行，別在不自覺中，讓出口的話成爲一道利刃，要知道即使不是有意，也可能會深深地傷害了對方。

職場裡不可少了「尊重」

無論我們受到多少委屈，也不管我們的才智有多高，我們待人始終都得謙謙有禮，對於上司更要謹守本份與尊重。

在辦公室裡，無論我們坐在什麼樣的位置上，無論身份距離有多遠，假如我們希望彼此能溝通無礙，更希望職場有雙贏之局，那麼在這個辦公室裡的每一個人都一定要學會「尊重」這兩個字。

因為，人與人之間一旦少了「尊重」，便很容易陷在個人的情緒中，經常與周遭的人發生衝突。

人與人相處的時候，一旦少了尊重態度，更會處處受制於私我的慾念，經常發生錯誤的判斷。

喜歡舞文弄墨的乾隆皇，每次出遊時幾乎都會在該地題字。因此，大江南北，處處都可以看見題有乾隆兩個字的匾額。

據說，有一次乾隆皇在金山寺遙望長江，看見白鷗點點、江水滔滔的美景，忍不住技癢，開口說要賜該寺院一個匾額。可是，提起筆後，筆鋒卻懸在半空良久，因為他的思路被困住了，此刻是空有情感卻無靈感，腦袋裡呈現一片空白。

只見他尷尬地環顧左右，看見大臣們一雙雙直勾勾瞪來的眼睛，心想：「如果就此擱筆，那多難堪啊！但是，如果隨便寫一個，一旦匾額掛了出來，必定會被天下人嘲笑，賜匾之事又是我自己開口的，唉，這可怎麼辦才好？」

突然，乾隆皇靈機一動，先是站了起來故作思索狀，接著坐回書桌前故作疾書，接著迅速地將紙張遞給近在身邊的紀曉嵐。

「紀愛卿，您覺得如何？」乾隆問道。

紀曉嵐把紙打開一看，竟然是張白紙，上面連一點墨漬痕跡都沒有。聰明過人的紀曉嵐立即明白皇帝的意思，因此他專注地看著白紙，故作沉吟。

忽然，他大聲地說道：「皇上，這真是妙句，好一個『江天一覽』啊！」由於紀曉嵐的神情十分真切，驚奇的神態當場震懾住其他人，聽見紀曉嵐力讚皇上的「江天一覽」，立即有人出聲讚揚：「的確氣勢磅礡！」其他人聽了，也跟著同聲賀道：「皇上聖才，這四個字真是貼近此情此景，氣勢非常，真是太好了！」

乾隆一聽，只有微笑不語，驚嘆紀曉嵐的才智與應變能力。待回神後，他才將這幾個字正式寫在白紙上。

對乾隆來說，身邊能有這麼一個不必明示便能讀懂其心，還懂得謹守本份，不掠人之美的臣子，當然讓人寵信有加。無論是在歷史故事中，還是傳說於民間的軼聞，紀曉嵐與乾隆皇的故事都是互敬互重、相知相惜的君臣情誼。

這樣的君臣關係正如辦公室裡的主管與員工關係。

相信許多人都曾經埋怨過公司裡的老闆或員工，也一定曾和其他人一起辱罵過身邊的主管或同事，只是有多少人想過，當辦公司中的氣氛一直充斥在這樣的對立與不滿之中，公司的未來會有多少前景可言？對自己的晉升或加薪希望，又能有多少提升空間呢？

其實，職場中眞正的委屈不多，要是因爲際遇不如人便牢騷滿腹，導致自己的工作情緒與處世態度有了偏差，只會讓自己的表現越來越難讓人肯定。

紀曉嵐在故事中告訴我們「會意」與「成全」的重要。其中意涵不僅是一個智者的謙讓，更蘊含著人際間從屬關係中，最基本待人處事的尊重態度。

在風光當官並以機智聞名的紀曉嵐身上，我們更學到了一件事：「無論我們受到多少委屈，也不管我們的才智有多高，待人始終都得謙謙有禮，最重要的是，對於上司更要謹守本份與尊重，因為想要獲得主管的欣賞與信任，便要從自己做起，先學會尊重與欣賞他們的好。」

先看穿對方的心思，再表達自己的意思 全集

作　　者　文彥博
社　　長　陳維都
藝術總監　黃聖文
編輯總監　王　凌
出 版 者　普天出版家族有限公司
新北市汐止區忠二街 6 巷 15 號
TEL / (02) 26435033 (代表號)
FAX / (02) 26486465
E-mail：asia.books@msa.hinet.net
http://www.popu.com.tw/
郵政劃撥 19091443 陳維都帳戶
總 經 銷　旭昇圖書有限公司
新北市中和區中山路二段 352 號 2F
TEL / (02) 22451480 (代表號)
FAX / (02) 22451479
E-mail：s1686688@ms31.hinet.net
法律顧問　西華律師事務所・黃憲男律師
電腦排版　巨新電腦排版有限公司
印製裝訂　久裕印刷事業有限公司
出 版 日　2020 (民 109) 年 3 月第 1 版
ISBN◉978-986-389-711-8　　條碼 9789863897118

國家圖書館出版品預行編目資料

先看穿對方的心思，再表達自己的意思 全集／
文彥博著.一第 1 版.一：新北市,普天出版
民 109.03 面；公分. - (溝通智典；06)
ISBN◉978-986-389-711-8 (平裝)

普天之下・盡是好書

普天出版家族
Popular Press Family

凌雲文創
A-Plus Creative Company

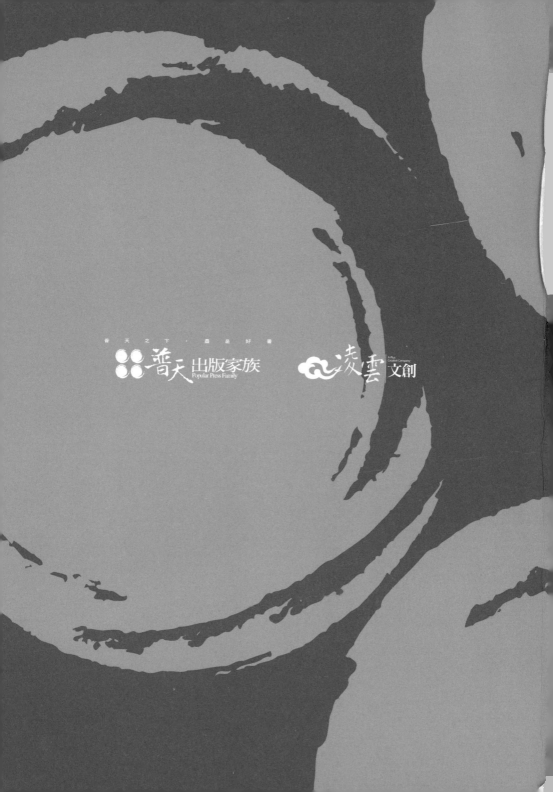